韓振方 著

人生智庫 塵海微語

第一二冊 合訂本

中華民國乙酉年 國父誕辰於東海蓬萊仙島——台灣

祠堂家祖不忘拜

一、忠孝詩書傳家遠，
遠源炎黃血脈聯；
聯祭祠堂列祖宗，
宗親族群莫忘拜。

二、拜為開國黃帝訂，
訂要兒女切踐行；
行非祖先不家叩，
叩誠虔悔靈返天。

（特註：妄言天懲）

塵海微語聯句文

一、天地人生有志氣，氣發求知力創業；
業建宏大得眾扶，扶成回饋利世塵。

二、塵海微語智慧廣，廣集嘉言啟心竅；
竅開今生不枉度，度人拯己上瑤天。

三、天空銀河億千萬，萬星閃耀亮塵寰；
寰宇眾生護地球，地球人類將大同。

四、同秉儒宗做正人，人失禮義誰尊敬；
敬愛倫常維德行，行功立言本乎中。

五、中華民族容量大，大國泱泱濟弱風；
風發五湖四海雄，雄促族教婚和平。

六、和平相處誠相協，協力科研技精路；
路上蔓藤慢撥開，開懷笑忘佛迎天。

天覆大地—地育物人

一、天覆大地　地育物人
人道做好　好返先天
天下合統　統看中華
華人志雄　雄守王道

二、王道立國秉和平，
平等善待異民族；
族教婚嫁互協愛，
愛人如己是華人。

人生天地萬物靈

一、人生天地萬物靈，
靈高守道利福人；
人我互敬恥偷盜，
盜邪刑懲天不容。

二、容非科技網害人，
人立兩間守正氣；
氣發仁德慈悲心，
心懷博愛天下公。

目錄

自序

韓振方

一、此書名之為——塵海微語——似含有聖神佛道禪味，點明迷津，開悟靈性，超脫塵世之情懷。自揣鄙有何德何能？敢著是書，秉筆為言。溯拙昔曾置身於軍閥割據爭雄外患內亂及一、二次大戰，民族存亡，擲筆報國，戎馬疆場，奮役南北。甫卸征衣，勤耕現實，旋遁跡塵寰，玩筆桿難謂之內行。慨嘆當年抗日內戰沙場之友，戎幕同僚，黃埔窗情，長屬誼緣，塵世投契，親鄰鄉寅，相繼辭世凋謝。深感人生苦短，物變無常，榮枯得失，容或有異，白雲蒼狗，曇花一現。反觀塵世間之人類，彼此明爭暗鬥，貧富成敗，愛恨情仇，受屈窩心激蕩迴旋，輾轉反側，繞室徬徨，困坐愁城，抑鬱終朝，憂悶難解之心結，泥陷於深淵傷痛難拔漩渦之中。設若提供人生旅途之行人一言片語之開懷慰藉，以解其不解之苦煩，期以撥雲見日，重睹彩虹，點燃熊熊烈火，奮發再起之雄心壯志，展現潛能，不為困惑迷昧所苦之有力……一副清涼散，暖心丸，啟愚錠，定神劑，則稍堪頷首足慰矣！故懷以有限之知見與抱負，望有助益激發策勉溫馨於世人。情得——心不斷念於人我之間：路行——徑不絕途於之中庸恕道。本以做人、處世、創業、成家、潤德、修身、懷仁、仗義、怡心、養情、化性、益智，去惡從善而懷儒俠之仙風，養浩然之正氣之旨趣為著墨點。

無意故弄玄奇、標新立異以自炫。擁有此書，啟愚開悟，培德娛心，識透物情，開明智慧。雖不是格言，但甚於格言之涵味：雖不是詩詞，但有詩詞之味道。至於若為文句淺白俚俗或是隱寓稍深難解，因層次見解之不同，請揀出與自己所喜愛之話條抽理出來，玩味欣賞，印證事物哲理，必得一番會心莞爾之境趣，試試以為然乎？當以明之。由此可測知個人閱讀角度之自識潛力——因含有某種時代背景或專業話語——莫為深淺有所評斷矣。

二、本書採用之語句，有點咬文嚼字之味道，但全以一定之模式，開頭以人……人之無有及有無且主宰萬物之人以聯字聯句計十八條值得品味——在第壹冊——獨創之語法外，之後餘冊將古今中外賢達英豪聖哲之處世名言以及神學家、宗教家、哲學家、史地、生物與各方社會心理學家、教育家等之勵語慧識，融會於儒、釋、道各家之心言，予以貫聯，且以不同之角度衡量人生之正反面，精煉結集，樸實無華之文語，既難謂詩，尤非是詞，洵為一種前無古人曾用之章法，看有耳目一新實又拘泥形式之感，句末轉折反敘，畫龍點睛，別具一格，語體淺白文言參用，雅俗皆可供賞，得謂啟迪智慧，觸發人生思維之南針，為塵海中碌碌人們之悵惘心，點燃閃亮之一盞導航明燈。

三、本書每一條則，皆本獨立性，蓄含有正反合，起承轉合之語意——少數例外。若數則前後貫通去領悟，尤可瞭解該事物之連環性、或不關聯性，但均可會意其所含之內涵矣！例舉：

1. 論孝論心，且當論跡；論跡自古知孝子——子報親恩。
2. 論法論跡，但莫論心；論心自古難完人——人心豈究。
3. 不可鬥氣，當要爭氣；豈能使氣有志氣——氣發創業。
4. 武人學詩，能平心驕；文人習劍可除怯——怯難為雄。
5. 風月有情，容我先醉；江山無語看人忙——忙裏偷閒。
6. 名利欲念，填滿心坎；情義忘掉難人類——類有善惡。
7. 智愚貧富，貴賤賢佞；人類永遠難求同——同難進步。
8. 罪於德人，德人不罪；罪於佞人多是非——非人難德。
9. 不是閒人，怎能閒得；閒人豈是等閒人——人雄本仁。
10. 塵海途中，浮沉百味；人生道上徑有別——別分苦樂。
11. 心無物慾，乾坤平靜；書擁斗室堪謂仙——仙皆修道。
12. 昨日掌故，寫完入史；今天節目尚待明——明後始演。

13.天高不鬥，地厚莫訟；和諧起點為息爭——爭強反弱。

14.仇怨如虎，恨忌猶獅；傷害自己勝毀人——人本德恕。

15.仰首夜空，默數寒星；轔轔戰馬憶征塵——塵不再揚。

16.策馬湖山，縱橫疆場；踏遍塵海路八千——千紅萬紫。

在萬千條中，僅只提供以上十六則作為說明，當可探究語中之文涵。在每則前面之十五個字，分別各自成一語系。若適當增減，可為聯話——並非全是如此。如第5.則去掉——容。第9.則除掉——能。第15.則拿掉——默。第16.則抹掉——橫。其各則分別可讀為：

5.風月有情我先醉；
江山無語看人忙。

9.不是閒人怎閒得；
閒人豈是等閒人。

15.仰首夜空數寒星；
轔轔戰馬憶征塵。

16.策馬湖山縱疆場；
踏遍塵海路八千。

上面四則在破折號下之四個字：

5.忙裏偷閒。　15.塵不再揚。

9.人雄本愛。　16.千紅萬紫。

單讀固可，但本於正反合及起承轉合之句情，皆總合前意以圓融其語氣，不致有所偏頗離解之惑，讀者高明，何待贅言，自會領悟其內涵之所在。閱讀本書可勘破世態，透視物情，看破塵寰，善惡正邪底蘊，以轉化人性品格及性質，改變觀念，重估人生價值，不會再鑽入牛角尖，走向極端。語含敦厚，以溶化和融人性之美德，進而昂揚鬥志與情操，貢獻於社會人群。蓋國之文語，博美精宏，雍容優美，並非外文所能及之也。文詞巧用，復得一倒證。

四、由農業邁入工業而至太空時代，時間就是金錢，塵海中人們少有空閒讀看那些——之乎者也——深奧難懂之辭藻與夫長篇大論虛華之文白著作。本書句句落實，語語貼切，簡明扼要，令人看讀雖難如小說般之痛快和暢順——因其：「鱗羽霰落似雲飛，瑞雪紛飄處難猜，無論東北西南雨，悉皆塵海人文情。」但望看時心宜沉靜，玩味，悟徹，始明語中究竟。在每句段之十九個字，皆為世人之經驗恪痕累積以及閱讀體悟所涉及層面之心得，包涵萬象。絕非——連字遊戲——實乃運心力工字斟句酌之結晶。奈因著者學涵孤陋，為本乎益世勵人廣識之旨，凡可供世人怡情養性，翰墨潤懷，人文山水勝景，格致誠正修齊治平之話頭，做人之道，感世哲言，用世心語，待人接物，識人處世，友誼正邪，禍福成敗，得失榮辱，善惡迷悟人生，權術機謀，統御兵略，致德修業，保健常識，趣味諧語，生死認知，史跡典故，守宙浩空，天地陰陽，五行相生，性命福慧護修，聖賢仙佛之道，天道循環等等無不羅致潤飾，一則之得，誠非易事，看人挑擔、生孩怎難乎哉？

五、本書內容涵蓋廣泛，難為其詳細分類，概以——塵海微語——之點滴匯累成書，閱時自予領悟其意情以心屬之即可。絕不因末予分類而貶損其價值與涵意。事實上很難釐清其別屬，祇有請讀者心燈點明以判之——因拙閱讀時序以定先後——與之所至隨筆記之也。在千萬條中設苦重句乃校對之咎祈予恕諒可乎？五教聖人謂：至上之道，無分別執著心——就是天心——聖心——佛心——道心——慧心——但非人心斯謂之也，何必強予割分？

六、本書先出版第一至十冊，如未劃上人生休止符前，將陸續發行之十一——二十以至……等冊。惜乎智語，能量層次受制於學涵潛力之發揮與闡揚，恐難滿足飽學者之清覽，則非著者所悉矣。採用此種體裁與模式，甚望能獲得共鳴於世人？本乎野人獻曝之旨，難計工拙美醜也！肅請高明賢達不吝斧正是幸焉。

七、筆者附帶說明於讀者之前，本書之所以概採如此格調，緣以友誼窗情，魚雁往返，論於事物，因長篇大論之書札，不勝冗長之煩，用此簡扼話語，頗獲其贊同肯定，咸認為具有新穎創意，故而則引起興趣，始為之廣泛蒐集語慧，誘發心智，粗雅皆揀，文化於白，白化於雅，通俗為尚，本以─「靈感來時午夜起，哲理悟得將筷停，報刊書中含禪味，躍身疾筆條句留。」增肥減肥，得看意境，張三李四，恕難其名，潤悟文情，伸縮詞句，多為生活體驗，印證人物，看讀誌情，中外古今語彙之化得，是為此書之寫實耳。蓋以天地之大，宇宙之闊，塵海賢俗之聖言，人類語慧之粹華，甚難羅網參透矣！惟盡其棉薄之微力，作為開啟迷惘點滴之參考，藉以洞明世事，開拓心扉，貫通靈竅，不為俗務糾纏困惑，未悉以為然乎？諒不見責於拙之班門弄斧云爾。設讀者看了本書之後，能化悲情為樂觀，化苦悶為歡喜，轉化人生理念，蛻變生活習

性，成為人心開悟導航指針，一卷在手悠遊林山，享受人生，洞明世事探究真偽心遨太空。進而若能：（堪謂：養性修身立世銘）

養天地浩然之正氣，法古今無缺之完人，守宇宙運轉之常經，行聖賢忠恕之大道，涵日月太虛之襟懷，立萬世不朽之德業，倡族教通婚之和平，完世界永久之大同，樹人群楷模之規範，揚孔孟做人之天良，立千秋景仰之勳功，著人類必讀之好書，研科技益世之發明，揚中華固有之文化，仁慈愛貧病之眾生，禮行人我間之應對，義協除害群之惡徒，廉取理該得之本份，恥無難是人之品格，錯不知悔改之友邪，練身心健康之體魄，享桃花源中之淨土，契天人合一之靈性。同時當懷：

大其心容天下之物，平其心論天下之事，虛其心究天下之學，潛其心明天下之理，定其心應天下之變，仁其心愛天下之人，博其心懷天下之情，誠其心交天下之友，廣其心恕天下之仇，寬其心收天下之才，慈其心憫天下之命，志其心立天下之言，恆其心讀天下之書，悟其心宣天下之道，美其心施天下之善，寂其心去天下之情，禪其心忘天下之紛，德其心存天人之性，亡其心靈回天之歸。此為做人德量要求之胸襟氣度與養身修性目標，當是著者衷心之所禱也。該立意似乎太過理想化，凡人就是凡人，欲使凡人化作不凡，豈是一朝一夕所能成之，無非抱著一點期待願供勉之而已。若世人之心本乎諒人恕人惠人愛人益世謙讓厚人薄己之美德，消失報復暴戾仇怨憎恨於無形，人人本乎仁德道義相處以誠，則社會祥和，爾敬我愛，禮儀之邦重現於中華，五千年來悠久歷史文化將弘揚於地球村內，族教通婚，而世界大同何能遠乎哉？香格里拉之田園人間樂土，可呈現眼前——阿們——阿彌陀佛。感謝天恩靈佑中華民族完成人類永久和平之願望樂見促早實現。

最後敬言特強調忠告者——（此地球上之人類科技文明遠比太空中其他星球科技文明要落後千百萬倍——燃燈古佛——宇宙大演正在儒宗聖教，奉旨著作大道叢書內載——在蓬萊桃園八德鄉——無極大道院）——人類時代進入科技文明，航天遨遊——銀河星空——地球變小，互動頻繁，易被物牽。利用電網炫惑害人害己、盜竊騙搶，失去理性，湮沒良知。但人永遠是人——懂得做人處世立業——萬不可受炫幻迷惑，為其役使。掌控事物，成敗非人，一切由己，并超越自我，彼此互協尊重，立於天地，創造貢獻福祉美化人生，發揮仁慈愛心，關懷世人，欲復人性體味世情，靜看此書，品嚐猶菜根譚味道乃人生智庫也。塵海微語——如封面冊數約二十冊——每冊合計二〇九八條。（每二冊合訂為一本）

其每本具以松、竹、梅、蘭、福、祿、壽、禧、財及「神」之詩畫於「十個合訂本」之冊面上作為封頁。而心縱如此想，然「人生戲場，何時歇鑼?!」以臻於「十全十美」，酬報答天下讀者。是否如願償？待壽逾期頤矣！在此祝望人人看到「神冊」合訂本，進而能認知「萬象非有，唯善不空」，做人應本乎天良「行善」與「忘我」入於虛靈──神──之佛國淨土，亦是著者夢寐虔禱共勵共勉共成之也。阿彌陀佛──阿門──祈蒼天，護佑，善哉。

東海山人於蓬萊仙島──撰於台灣

韓振方 著

人生智庫 塵海微語

第一冊

中華民國乙酉年 國父誕辰於東海蓬萊仙島——台灣

○人本無人，人由何生？生因炁天陰陽感——感恩爸媽。

●爸媽生我，我該力學；學好人道道創業——業由志發。

○發先理想，想必踏實；實在做事事可成——成事在人。

●人要守誠，誠信做人；人己互動動用情——情義千秋。

○千秋碑傳，傳德後世；世立功言萬代名——名利實空。

●空天有道，道孕生物；物賦靈性修回天——天覆大地。

○地球載物，物滅又生；生為競活鬥志強——強要愛人。

●人生中華，中華民國；國建經貿科文島——島位東海。

○東海山人，人籍皖穎；穎上潤河觀淮樓——樓邁黃鶴。

●黃鶴東飛，飛向台澎；台澎金馬韓振方——方念師恩。

○恩馬行南，行南馳函；函告黃埔在招生——生感德人。

●人生天地，地育萬物；物養眾生人為宰——宰屬靈高。

○高處眺望，望那兩岸；岸合公僕早民選——選賢與能。

●能幹從公，公心為國；國促族教通婚和——和樂人類。

○人類大同，同拼家榮；榮辱正邪善惡人——人盡忠孝。

●孝親人行，行莫著相；相色不迷迷癡人——人美返天。

○天地人道，道途風暴；暴雨寒霜不餒生——生要勇生。

●生非遁門，門內頓悟；悟物空幻皆虛無——無有何爭。

○花團錦簇，萬紫千紅；續紛飛舞美人生——生護地球。

●天下蒼生，餓殍遍野；地上奪權搞鬥爭——爭難民樂。

○飛得愈高，太陽易融；蜂蠟逢熱化落跌——跌埃捐命。

●生命生活，像在海洋；鬥志昂揚易彼岸——岸上笑迎。

○心佛眾生，迷悟差別；自心即佛心作佛——佛由心修。

●但盡凡情，別無聖解；轉凡入聖心忘塵——塵無則佛。

○積習如塵，水如自心；礬投濁水濁沉清——清猶修道。

●誠通天地，感應萬物；心正念佛佛自生——生因不二。

○寂天寞地，獨禪荒郊；坐傲宇宙正氣豪——豪然魔離。

●寂禪地球，心觀山河；寞觀天星微猶塵——塵忘佛得。

○谷壑幽僻，林深溝橫；鳥啼蛙鳴聽蟬音——音猶天籟。

●千萬里路，步只三五；兵馬縱多六七人——人御其首。

○世人善人，非善人師；不是善人善人資——資潤反善。

●不貴其師，不愛其資；縱智大迷謂要妙——妙反難人。

○故為一世，善人之口；行德百世先著書——書益人心。

●孔子誡人，生不學道；無以立世人本道——道為人本。

○戒慎恐懼，如履薄冰；競競業業向前進——進本以道。

●嚴於律己，反省自己；鎮定平靜勿責人——人本恕德。

○謀生學問，明道學問；差別萬千人不明——明當悟道。

●世上物性，通於人性；天人一體性合道——道天一貫。

○身外之物，多少無損；身內之物揚為佛——佛聖人修。

●收性成聖，放性即凡；蔽性禽獸則失道——道人性合。

○事過不存，物去不住；順逆不擾隨遇安——安於自性。

●勘破物慾，不生煩惱；認清自性修成佛——佛由心悟。

○資訊變化，千奇百怪；驚濤駭浪曰幻多——多麼難捉。

●老人惜老，少年敬老；讓座老人有家教——教無人鄙。

○午夜夢迴，感懷萬千；遺憾抹痕本自強——強莫氣餒。

●時不倒流，事難回頭；期許不高失得少——少莫平凡。

○心態可議，其言可誅；人格可鄙因無恥——恥有可人？

●言行反覆，口無原則；民主先生千秋咒——咒其失格。

○市井庶民，洋溢活潑；繁榮昇平景象新——新看蓬萊。

●以玉米鬚，加冰糖熬；消炎利尿固腎效——效常煮飲。

○星球懸空，軌道運行；日月旋轉時無情——情何論價。

●兩岸不幸，蛇頭狠心；陸妹偷渡推下海——海溺避檢。

○自謂儒者，文不亂法；行若俠士別武犯——犯禁非俠。

●儒家文化，喚醒人性；悖離倫理社會亂——亂無守儒。

○縱橫人寰，遊遍湖海；社會歷練何其多——多當珍惜。

●老非易活，誰不仰慕；智慧蘊藏豐富有——有為世傳。

○何來功夫，生那無趣；憂鬱疾病非老人——人活快樂。

●人老不老，來曰方長；萬古長青人間壽——壽得健康。

○現實抽象，難離世間；逝去未來循環轉——轉有變無。

●江山代有，英傑聖雄；遞傳變換世間情——情莫著痕。

○征塵一生，老未凋零；轉型聖賢心修佛——佛忘昔情。

●老無樂趣，因太自私；放開襟懷關心人——人樂則樂。

○人無信仰，心乏主宰；心有宗教轉聖佛——佛心慈悲。

●身活到老，跳出三界；遠離五行不惹塵——塵無心佛。

○關懷不識，心很容易；喜歡昔仇人較難——難無怨對。

●活老該樂，但多不樂；樂何不樂因憶往——往忘苦酸。

○老屬自己，應該快樂；莫為窮富縛人心——心廣宇宙。

●水色山光，花香鳥語；流水拂影風搖景——景賞老人。

○天地萬古，人生時短；閃猶流星剎那過——過當留痕。

●萬丈紅塵，風浪滄桑；得失榮辱感受多——多知醒悟。

○靈性動物，大限將臨；尋覓隱處自了斷——斷無煩愁。

●悲莫悲兮，生死別離；恩愛情仇一筆鈎——鈎何戀兮。

○希臘雅典，城邦選吏；民主起源在地球——球人心想。
●少言養氣，戒色養精；薄味養血怒損肝——肝戒人嗔。
○台灣寶島，名震地球；金馬台澎嚮世界——界無大同。
●策馬原野，奔向何方；縱橫紅塵家在那——那是人家。
○八九六四，重新定性；暗潮洶湧人心聲——聲要平反。
●中華運化，早有天命；蓬萊平反後神州——州必岸合。
○神州蓬萊，海峽隧道；起建日程待岸合——合前構想。
●蔬果沙拉，日用防癌；醋醃草莓美肌膚——膚色嫩潤。
○水泊梁山，名動天地；勒文石壁千秋崇——崇因正氣。
●石破天驚，氣干宵漢；百單八將宋江首——首倡仁義。
○梁山英豪，替天行道；遠處江湖憂國政——政以德治。
●浩淼水泊，波接河源；萬里風飆凜鬼雄——雄昔人傑。

○德治天下，興國之本；水泊梁山記范曾——曾書北京。

●塞外荒寞，非洲草原；地球大地海闊空——空懸宇宙。

○天在空中，地在旋中；人在道中佛在心——心佛人佛。

●道在行中，物在變中；心在幻中禪在定——定無則亂。

○一小行星，撞擊地球；時在二千一四年——年非末日。

●星是岩石，五十億年；太陽系成遺碎片——片引失軌。

○到任蕭索，卸時袋滿；官帑民財一掃空——空來空去。

●江山萬古，誰能移走；臨行尚繪畫圖中——中莫私賞。

○貪吏可鄙，任刮民脂；公僕票選歪風止——止因監管。

●天下六合，可得可失；風塵變幻似反掌——掌握樞紐。

○人沒天資，但求真理；天下殿堂有他份——份必自研。

●好理論家，哲理一個；偉大數學者兩個——個人力究。

○生前沒聞，死後名揚；西蒙是位典型者——者看梵谷。

●濟南名景，是大明湖；一城山色半城水——水指諸泉。

○有心無相，相自心生；有相無心相心滅——滅自相滅。

●寧錢吃虧，但人不損；兩者選擇是智慧——慧心看人。

○餓死者少，飽漲亡多；動者不老靜易衰——衰因血凝。

●世人有時，不能不聾；但有時又不裝啞——啞看人用。

○重陽敬老，政府德政；老修聖賢不愧活——活為人崇。

●辭令懾人，題旨隱形；空手能載滿滿隙——隙非陷阱。

○煤礦廠邊，民多貧工；日夜加班難活人——人子知前。

●生存世間，活得痛快；行不奔前無人憐——憐受知慚。

○生命歷程，學習觀察；識量豐富重異己——己容恕人。

●作息正常，遠離菸酒；愛護身體要運動——動前暖身。

○姊弟失和，視若寇仇；林帥慘遭滅身禍——禍起蕭牆。

●豆豆無情，待親猶敵；文革小將認毛爸——爸何有義。

○六親不認，劃清界線；子鬥其父婦反情——情難得情。

●嗚呼中華，文化毀滅；十年武鬥停教育——育養獸性。

○澈底破舊，數典忘祖；祖宗神牌出家門——門無列祖。

●列祖列宗，上承黃帝；中華族裔一家親——親猶手足。

○設無其女，育容外逃；九州史程將重寫——寫必慘烈。

●嗚呼權力，哀哉毛心；蒼生何故作芻狗——狗難為狗。

○荀去鄧斌，四幫得逞；哀哀神州民何生——生感青天。

●名山幽谷，蟬叫鳥鳴；澗水淙淙崗阜地——地看人賞。

○人役於物，容易得情；行為取向不風舞——舞人愚智。

●萬物神交，心易寂滅；周圍虛無性神空——空天日月。

○文學譯介，名著作品；中外對譯影響遠——遠播文化。

●飲食文化，充塞書市；中華自古最講究——究為人用。

○快樂靈機，藏在身健；疾病體格是獄所——所以要動。

●友情互協，相攜成長；失去千古留遺憾——憾難弭滿。

○街坊大娘，權力無限；六親不認查報辦——辦自決斷。

●親房奶奶，但叫同志；嗚呼人倫喪滅無——無限共哀。

○詩從志解，從言寺聲；在心為志發為詩——詩為人誦。

●脫離貧苦，唯有讀書；人昧立志一生悲——悲由自取。

○人今中國，國分兩岸；岸合雄強本王道——道不凌弱。

●弱濟族困，困感來歸；歸附天朝奔大同——同慶和平。

○和平互往，往流文化；化夷向華歌太平——平淡人生。

●生何時代，代有不同；同懷公正心無私——私難為國。

○國家至上，上承道脈；道脈只賦中華有——有願心祝。

●祝天下人，人心共祈；祈望族教早通婚——婚無戈爭。

○爭強鬥狠，狠心反報；報復循環何曰休——休得諒恕。

●恕怨化敵，敵化為友；友施仁慈非以巴——巴人仇以。

○以色列人，人亡國外；外族欺滅今復國——國民求安。

●安樂度曰，曰研科技；技藝謀生世間情——情拼生存。

○存亡抗戰，戰勝曰敗；敗以德報效蔣公——公建台灣。

●台灣寶島，島在海中；中華民國府遷台——台民炎黃。

○黃帝開國，國曆迄今；今承道統孫中山——中山傷悲。

●悲岸不合，合尊國父；國父博愛天下公——公拯蒼生。

○蒼生芻狗，狗豈聖傑；聖傑孰憐弱勢民——民企活生。

●生命尊重，重眾生命；命由自造別任命——命好善行。

○行言合一，一生懷仁；仁心濟世利人群——群體祥和。

●和誠相處，處有愛心；心要互信睦鄰友——友誼協成。

○成業立家，家齊修身；身健常動禁菸酒——酒醉傷情。

●情恩爹娘，爹娘父母；母望兒榮盼女歸——歸返先天。

○人宜善用，一隻口嘴；多聞少說損人言——言語惹禍。

●檸檬酸錠，大補體益；柚較蘋果C八倍——倍常食用。

○世界人類，愛打不平；中華民族是天職——職為炎黃。

●中華民族，昔日受屈；兩岸合強拯弱族——族弱去救。

○拯挽人類，唯有炎黃；歐美強武但拙文——文化地球。

●人不悲觀，唯有自強；止於至善人上人——人皆樂生。

○摔跤鬥牛，力命搏鬥；野蠻動作人愛玩——玩性極致。

●太過斯文，表現軟弱；強不凌弱是人性——性本和愛。

○人若出世，而不厭世；身如入世不戀世——世人樂觀。

●人為兒女，父母血肉；忘掉出處難是人——人當孝親。

○機關算盡，盡頭是空；空天日月時光短——短何心歪。

●人根在何，祖墓鄉土；誰無故土爹娘情——情有是人。

○人若無根，身世飄零；心有鄉情籍分明——明白人世。

●改天換地，沼澤公園；日本北海垃圾山——山景觀光。

○紅塵烈火，人何有懼；歲月雖短拼命前——前為生存。

●時代巨輪，像陣狂風；吹向高空旋降落——落無著點。

○呈現歷史，縱橫切面；今昔觀點人看法——法他而非。

●新超音波，兒在胎內；顯現發笑形態來——來為母看。

○君子之言，簡而實約；小人之語雜而虛——虛但妄誑。

●大地風景，湖色數美；萬象物類心最好——好在人用。

○人生史跡，誰無辛酸；未屆蓋棺難定評——評非功過。

●茫茫塵海，億萬人類；今昔過客幾留痕——痕浪少許。

○後評前賢，有失公道；時人論斷多因偏——偏心無則。

●海天遊蹤，五湖九州；山色地球懸空賞——賞景客觀。

○天降紅塵，人間漫步；遨遊山河湖海情——情味在心。

●雷霆爭霸，角鬥激烈；拳力極致野蠻戰——戰表人勇。

○人地天道，道法自然；自然者無上品上——上之上也。

●就折一張，闊的荷葉；包片日光帶回去——去夾詩內。

○酒入豪腸，牡膽雄風；七釀月光三劍氣——氣吐盛唐。

●夸父逐日，后羿射月；梵谷向日哈雷奔——奔日無畏。

○血色京畿，京畿血色；殺氣沖天燕京城——城內毛笑。

●十大元帥，問幾善終；哀哀神州鬼哭嚎——嚎聲震天。

○風花瀟洒，雪月空清；冷眼閒情以靜主——主宰在心。

●水木榮枯，竹石清長；心寂意淡以操權——權御於物。

○草際煙光，水心雲影；閒見乾坤好文章——章回意寫。

●陰謀怪習，異行詭能；涉世禍胎災易種——種必難福。

○雲淡風清，天明氣朗；傍花水柳庭園景——景觀幽美。

●輕動剛腸，易陷涼簿；淨拭冷眼非人事——事宜關心。

○聖賢德量，藏污納垢；凡夫心態不容物——物以濟物。

●息心見性，了意明心；撥波覓月鏡無塵——塵了必了。

○雨後山青，秋高氣朗；松間明月照窗前——前塵忘淨。

●本於道義，得謂智聰；違於人情智亦愚——愚易悖理。

○忍人難忍，無限天機；為人不為是英雄——雄當拯世。

●山間歲月，潤滋心扉；龍飛鳳舞養情性——性由磨鍊。

○身處塵中，心超物外；淨拭冷眼觀世情——情變無常。

●權貴龍驤，競逐名利；英雄處戰爭成敗——敗部復活。

○欣賞人生，多看禪語；品味世道嚼菜根——根苦味甘。

●不容下下，難得上上；不徵眾智豈廣益——益人益己。

○醉心名利，比酒還濃；世上貪夫死紅塵——塵埃掩沒。

●功利當前，視而鄙得；學作林泉千載人——人賤富貴。

○雲天作客，眺望長空；太虛玉宇淨無塵——塵寰煙濁。

●收攝心氣，涵養太和；澆熄妄念看物情——情生惱人。

○水遠山長，月白風清；胸藏丘壑遨林泉——泉滌心塵。

●鍊心清志，洗煩蕩邪；安享人福當知樂——樂不忘憂。

○事找沒趣，什妄人癡；行秉正理無不通——通達人情。

●颱風豪雨，山崩海嘯；怒吼哀鳴烽火天——天人難寧。

○不定難靜，能靜始安；安後易慮方言得——得由定起。

●松澗雲生，高窗月冷；空靈美感享閒情——情生心賞。

○飽諳世味，固悟人情；公理正義豈退縮——縮心無德。

●深諳世情，悟明佛老；人間不平當挺身——身正辟邪。

○狐眠敗砌，兔走荒台；當年歌舞競秀場——場非今時。

●露冷黃花，煙迷衰草；疆場角雄成敗地——地有不同。

○多讀古書，收斂浮氣；靜思世事增定力——力由識生。

●人體污染，病在內臟；斷食療法再生機——機由尿療。

○消除百病，自然療法；體內淨化須斷食——食多污臟。

●當惜晚節，永留寒香；閒愁遣掉少鬢髮——髮皆長青。

○罪性本空，皆由心造；心若滅時罪亦亡——亡必先心。

●人至臨終，十念聖號；阿彌陀佛必生西——西方淨土。

○十惡五逆，臨終念佛；悉心懺悔皆能除——除得靈天。

●惡業愚迷，憍誑嫉妒；發願誓滅永不起——起必無願。

○惹有是非，不辯自脫；事得煩惱宜忍解——解必無憂。

●人遇危險，當有定力；事能預謀臨不勞——勞無於先。

○做人無奇，以誠為先；待人有法本率真——真美於善。

●始同於彼，初識於人；終化於己定交友——友我皆善。

○放下萬緣，一心歸命；不斷懺悔始成佛——佛得虔誠。

●墨浪雖微，但掃塵俗；筆花縱拙能怡情——情得浸淫。

○墨飽筆潤，縱舞難霸；鐵馬金戈易逞雄——雄以文飾。

●墨飛筆舞，固化大地；策馬疆場可霸天——天以德配。

○調整心理，適應環境；察明狀況採處置——置於洽當。

●拿起放下，必有擔當；得失兩慮事難處——處必捨一。

○既拿不起，又放不下；慨言看開椽木魚——魚難上椽。

●人固下下，智有上上；事縱微末須人為——為人平等。

○猿啼龍吟，天地同悲；聖僧名主德化世——世皆鳴戚。

●嶺邊樹色，多含風冷；石上泉聲帶雨秋——秋水怡人。

○為將明儒，行知忠孝；做人通佛得歸宿——宿入禪空。

●一念不動，神鬼奈何；親若臨終念聖號——聖名南無。

○齊戒沐浴，淨身坐禪；「阿彌陀佛」必生西——西入極樂。

●人子能孝，親終念佛；天樂齊鳴香滿室——室內勿悲。

○助人念佛，添「增上緣」；自身念佛親因緣——緣往西天。

●助念組織，親人為佳；子呼親名看佛緣——緣生必樂。

○春去秋來，年復一年；人去人來代有代——代傳千秋。

●來去倉促，瞬息人生；天地萬物皆過客——客難久留。

○不超物外，人難脫俗；識明佛理心無塵——塵非紅塵。

●聽言宜靜，不靜難明；看物宜專否豈精——精察知微。

○過於仁厚，則形軟弱；太講義氣易頑固——固執任性。

●人拘禮儀，易陷諂媚；事過原則難適應——應化於情。

○不求人貴，不取人富；不損人壽助人樂——樂必少憂。

●洗掉名利，去了仇怨；多明禪味還純真——真情必美。

○看林看石，多看泉湧；收心洗心先禪心——心淨宜養。

●身感酸懶，當須運動；心覺疲勞則應歇——歇復原氣。

○將軍鐵馬，雄風蓋世；碧草黃花不留情——情難明時。

●昔日名將，今日高僧；梵音鐘聲響山林——林唱鳥和。

○人若怕死，不要先生；事如懼繁勿為人——人以事工。

●貧苦艱困，志宜上進；富裕不乏當奮前——前程無量。

○彩虹千丈，古剎白雲；鄙夷利名寄山水——水潔滌心。

●世上浮名，終必落空；策杖優遊望明月——月白照空。

○雲山幽居，松間垂釣；明月溪澗空靈心——心合天心。

●魚笑水暖，蝶戀花香；鳥啼山林人樂情——情發於時。

○禪於茅蓬，蕭然物外；嗜於喧鬧心難靜——靜除塵囂。

●人生愛美，本於天性；美人於世增和諧——諧必互愛。

○人若不憂，心未必樂；事如無慮豈明煩——煩因事愁。

●花花世界，世界花花；生死死生又生死——死又再生。

○任使有法，人無倖進；知人宜明少騙徒——徒難得逞。

●根深不怕，風狂雨疾；枝正豈懼月影斜——斜必枝歪。

○弱常待機，強多造時；智必取勢明得利——利宜權衡。

●富忍保家，貧忍免辱；父子能忍必慈孝——孝悌傳家。

○兄弟能忍，義必篤實；夫婦能忍必和睦—友忍情長。

●銀濤萬頃，蕩漾天際；彩色絢爛峨嵋山—山顯佛光。

○隱於白雲，心無青山；松高月潔禪房幽—幽寂入逸。

●空林夜雨，古剎鐘聲；清流鳴琴石泉湧—湧花淨心？

○肚內空乏，當實典籍；房屋簡陋儲琴書—書潤門第。

●人腹凍餒，宜飽義理；路有餓殍明廉恥—恥不伍盜。

○書宜選讀，友當擇交；言要兼聽地明踏—踏不被陷。

●流水浮雲，皆堪入畫；清風明月豈論錢—錢難購得。

○不為嚴寒，能凋本色；長存傲骨保青春—春情常存。

●絕海摩天，志高心宏；攀峰瞰地物皆小—小步致遠。

○夢裏不覺，春光已老；天涯又見秋月明—明月千秋。

●居於廟堂，明察秋毫；位於人上言有則—則不失據。

○天有陰晴，地分平坎；人別美醜心好壞——壞因境染。

●座右有銘，人各千秋；紙上桌前難刻心——心銘則得。

○話不辨音，人難聰智；事不明體不知局——局關全般。

●教養有道，生無枉材；鼓勵得法少鬱士——士皆奮前。

○路有阻礙，謀求排除；事遇不遂當突破——破必無阻。

●人生世間，宜明哲學；昧於哲學必懵懂——懵然不知。

○資質有限，慾望無窮；人乏慾望難奮發——發必努力。

●人不知命，難為君子；事不知機豈成業——業得於時。

○道能通達，終垂久遠；德若中正可立人——人皆聖賢。

●人修己身，德易為真；欲齊其家當修身——身修止謗。

○損體勿食，喪德莫為；煙酒豈染起居常——常保健康。

●人失健康，始明可貴；事經挫折必知難——難當克服。

○人若孤立，勢必生危；事如不預難期成——成於先謀。

●忍耐於心，似同火燒；忍耐過後樂陶陶——陶然於懷。

○橫掃千軍，疆場謂雄；海天一色心懷闊——闊仁蔣公。

●虛能引和，靜可致悟；實無難得誠感天——天以誠應。

○以人為友，友未必友；以事為務未必功——功建信心。

●意有忤逆，狠言人恨；事無端倪勿猜言——言多惹愁。

○惡言一出，聽必震心；善語常發人感德——德潤人心。

●性有吝嗇，必難施捨；人若偏激豈和平——平心做事。

○做人虛偽，心不虔誠；性如浮躁難沉著——著根立穩。

●為人驕傲，難求謙虛；做事懶散必無成——成於勤奮。

○殘忍成性，豈望仁慈；刻薄於人無寬容——容人以德。

●問題產生，設謀解決；聰明糊塗在此分——分有高低。

○至壞朋友，雖友無益；最好故人常得惠——惠多於友。

●朋友雖壞，總是朋友；敵人固好必是敵——敵友化友。

○友雖為友，卻比敵壞；敵縱為敵較友好——好壞決心。

●相無人我，性光靈明；心清本靜不著物——物有難淨。

○命由己作，相由心生；禍福無門人自召——召由己為。

●一切福田，不離方寸；從心而寬感必通——通必神明。

○幽涵千年，燈照必明；滔天罪孽悔立佛——佛不念惡。

●誠發內心，本於利人；事無所求稱真善——善反必偽。

○宰相明醫，診治於國；良醫能相可治民——民無疾樂。

●良相治國，必懂民疾；良醫診病賽相國——國為治民。

○非常事故，處斷非常；優柔寡斷必斷喪——喪由人制。

●含意深長，令人莫測；語含殺氣機必玄——玄有竅鋒。

○靈氣輕清，上浮昇天；濁氣重濁下凝地——地獄必黑。

●夢境幻緣，浮泡虛影；朝露電光滅無常——常必無相。

○寂空靜坐，渾然無相；心照天星豁然悟——悟必道明。

●食可養體，色能潤身；陰陽調濟謂人生——生不縱妄。

○身空心空，性空法空；超凡入聖進道門——門裏皆佛。

●佛由心成，道由心學；心正成佛邪成魔——魔去心明。

○德由心積，功由心修；福由心作禍心生——生滅由己。

●山非名山，難留仙住；佛若真佛話家常——常宜語誠。

○忍耐固苦，但果常甜；屈辱縱澀不傷人——人嚐有益。

●友誼雖壞，但是朋友；仇敵固好必是敵——敵非友情。

○人有慚德，銘戒於心；情有愧歉當知報——報以回饋。

●人不忘本，始明做人；忘恩負義人不恥——恥該心慚。

○縱受微惠，當念厚情；恩忘人情受人議——議必人非。

●酒肉朋友，難論道義；患難友誼共事業——業成相助。

○一般朋友，作為外表；道義友情當為裏——裏表皆友。

●無情無義，立難於世；勳賞固得皆非績——績應績獲。

○觀子論情，本多虛偽；深度言交假時曰——曰久則明。

●面對現實，接受挑戰；萎縮心怯必無成——成於勇謀。

○無事不找，有事不怕；立身行事能擔當——當其應當。

●淨化身心，莫過禪定；靈性潔明必上浮——浮於頂層。

○春去秋來，花開花謝；生老病死花又開——開復重生。

●蒼蒼藍天，難測其極；浩瀚無涯奇玄奧——奧難探底。

○行為不檢，多惹是非；口語失潔易受辱——辱必自招。

●主宰蒼天，難謂無神；昊天無極必有軌——軌亂必毀。

○變態心理，人易失檢；行為正常不越規——規跡必循。

●外敵易勝，心敵難克；強寇好除內賊難——難當自清。

○強言招尤，言有不必；盲言不當易賈禍——禍因言失。

●學如耘田，穫看惰勤；藝猶添色視深淺——淺必不精。

○人想到死，則明做人；位攀頂點當知下——下不辱德。

●男人的窩，女人世界；孩子樂園乃是家——家宜和睦。

○人怕驚嚇，事怕突然；身怕疾病情怕多——多必心亂。

●性躁心粗，一生不濟；宜學耐煩休使氣——氣多壞事。

○滾滾紅塵，大千世界；無情歲月淘英雄——雄難久霸。

●角色形象，吻合則善；扮演有誤必貽譏——譏宜人評。

○撫摸創痕，無濟於事；甩掉憂傷把樂收——收必心悅。

●自來名士，多耽色酒；未有神仙不讀書——書中藏美。

○縱身是肉，人若無骨；豈能立世難站起——起必格高。

●寺埋白雲，雲僧懶掃；禪坐青山心不擾——擾難得悟。

○佛不著法，心不著痕；口不著言身不塵——塵染難禪。

●身處鬧市，心靜難擾；禪坐青山不著痕——痕生念雜。

○一番挫折，必得見識；多分享受志氣減——減必無前。

●人處驚嚇，可測鎮定；事臨危險能難靜——靜必法處。

○仁厚刻薄，是修短關；行止語默係禍福——福多默得。

●勤惰儉奢，是成敗關；飲食男女係生死——死因貪多。

○人臨患難，心居安樂；身處貧賤本富貴——貴自心得。

●人若兩悔，怨無不釋；利如雙求交必合——合必成事。

○禍成兩怨，福因雙合；恨由怨來利多爭——爭必兩損。

●欲明操守，測在利害；想知飢疲看精力——力強持久。

○人在喜怒，可明度器；處於紛華知存養——養於心靜。

●春有百花，夏得驕陽；秋生明月冬落雪——雪滿天地。

○凡有橫逆，宜思何取；遇有事變以法處——處不動氣。

●四望雲山，一尊風月；百年勳業傳千古——古以今得。

○天地和氣，春滿蓬萊；竹影秋月花落池——池中仙子。

●人懂體貼，必明物情；心不同感難悉痛——痛與心連。

○非處橫逆，安明和順；人遇尖刻知忠厚——厚由薄明。

●不經危險，難明平易；人處歡樂當知患——患由樂生。

○人爭於利，因各有欲；事執於言皆本見——見融異同。

●人處屈室，心本廣大；事得稱意宜平常——常得不亢。

○人臨淵谷，當視康莊；身有疾病心強健——健不心累。

●事臨不測，宜本無事；人有意外心不驚——驚難法處。

○與妓談貞，無異取辱；流氓論理太天真——真須遠避。

●為何讀書，做人做事；人生塵世情法理——理通則人。

○江河水淺，水難運舟；江湖險惡人不游——游必皆亡。

●敵無假想，立世無的；事乏方針必亂心——心為人主。

○和祥寧靜，澹泊柔美；戰罷歸來月色寒——寒夜話往。

●俗人見解，不要鄙屑；尊重其言必有得——得擇卓識。

○只共利害，難言情義；危難當頭人遠揚——揚非不要。

●狗肉朋友，要必心明；道義相結利害當——當須解厄。

○人無危難，友難分辨；事乏利害難羅人——人以利前。

●處於澹泊，不與人爭；得於和平心泰然——然宜活潑。

○人生於世，孰能無差；錯若至微必成功——功因少誤。

●道在天地，天地不知；道在生活人難明——明必悟守。

○人無理想，志難宏圖；脫離現實難寄身——身存可業。

●口腹不潔，得病之由；言語不潔致屈因——因辱自招。

○心懷天高，命有紙薄；志雄難伸豈怨人——人當自檢。

●自認有才，必無所知；事明通達屬真學——學先做人。

○言有不合，反求必應；語判真偽以情詐——詐明同異。

●欲聞反默，欲張反斂；欲高反下取反與——與反得多。

○人聽其說，宜得事謀；察以所因以情審——審判真偽。

●養閒成懶，習懶得病；研藝易雅學好文——文以人美。

○君子養心，莫善以誠；諂諛於詞未必喜——喜於相規。

●雙眉猶草，橫有兩眼；一直為鼻下是口——口開臉笑。

○憂積於中，體必形銷；愁結於心身易病——病發難醫。

●豪門布衣，超脫世俗；寄情詩書藝文閒——閒摒虛華。

○作詩臨帖，自娛養性；崇尚儉樸心不奢——奢侈奪性。

●無聊無賴，卑鄙下流；地痞流氓人格完——完分美醜。

○除了腳印，什麼不留；雜物不帶忘難德——德種公園。

●摒除驕亢，以種謙德；去其虛矜煉率性——性秉豪賓。

○專業知識，固然須精；經濟社會文化明——明於配合。

●絆倒一次，並不可恥；再被絆石不應該——該必驚惕。

○人有權勢，教子理禮；富貴家庭訓仁儉——儉為美德。

●身懷六甲，禁亂服藥；胎兒出世無畸形——形因藥力。

○哲味慧根，官官歷練；人生修持皆純青——青於爐火。

●勘破世情，了悟色空；試看長城無英雄——雄於一時。

○生猶蜉蝣，時光短暫；盈虛消長世態情——情愛無常。

●明母教子，勿貪則孝；若貪言孝難謂孝——孝能必忠。

○可以理奪，難以情求；事見於情難合理——理以情通。

●子言父貴，其子必驕；父謂子能父無識——識明情理。

○子仗父勢，子必無賴；父稱子賢父多愚——愚因無識。

●社會形態，千奇百怪；沒入洪爐常毀身——身宜穩健。

○躍馬橫戈，無懼敵眾；踔厲風發語屈人——人以文雅。

●立於塵世，行事光明；身正豈畏影偏斜——斜必人歪。

○君雖不君，豈能不臣；父縱不父焉不子——子仍盡孝。

●閒雲潭影，物換星移；江山無常人事非——非常變局。

○愛於運動，人定健康；中年體胖身非福——福保苗條。

●千軍萬馬，御在一人；編制雖眾統於心——心御必勝。

○強硬頑固，狂暴軟弱；改變本性須音樂——樂聲悅心。

●靈魂塵垢，音樂洗刷；撫慰人性聽諧聲——聲調心美。

○碧草紅葉，煙光晴波；景物明媚故鄉情——情戀鄉土。

●載酒江湖，浪蕩乾坤；笑遨四海尋知音——音合人樂。

○普淨福海，惠潤眾苦；廣佈佛法渡群生——生當行德。

●無限天機，貫於胸臆；世情反覆宜明微——微妙得玄。

○滿庭皆醉，惟客獨醒；一劍霜寒驚四方——方圓皆服。

●心到無憂，生必快愉；事能不慮活必樂——樂不昏頭。

○錢固要花，宜論品味；用學獎助勝生宴——宴顏作怪。

●江湖道險，多因利害；行若坦蕩必得人——人義千秋。

○山納土石，故能成高；御不厭人必得眾——眾心歸一。

●人不求名，其名自名；德能小德必更德——德非求償。

○歧見抬槓，因人境異；容納異議須學涵——涵溶分歧。

●萬里江山，制在一心；天涯海角控於眼——眼見乾坤。

○養成大拙，始謂為巧；學到至愚方稱賢——賢於內明。

●山峰突出，山川秀麗；雲彩飛揚守殿開——開闔天空。

○賢人胸懷，虛空若竹；聖人器度靜如蘭——蘭生幽谷。

●生活滿足，原無定則；自我限設易充實——實不奢慾。

○人性劣點，私多於貪；愛恨情仇算分明——明必恕德。

●種德若樹，十年有成；養心如魚悠遨游——游於人間。

○疏影橫斜，水分清淺；暗香浮動月黃昏——昏中含情。

●奪人所愛，做人難德；慕人心物不能取——取必以明。

○別人看您，如同看人；彼此感受心宜明——明人明己。

●和氣春風，賢必擁坐；靜山流水至人懷——懷抱山河。

○性命根基，腎氣充足；精神泉源臟不衰——衰必易老。

●保衛腎氣，節慾為先；維護肝臟戒酒色——色多命短。

○世有污潔，人別清濁；路分坎平宜明白——白非人生。

●愛欲其生，本於天性；恨欲其死心反常——常為人性。

○惟大英雄，必能本色；是真名士自風流——流非下流。

●水月鏡花，心心相印；玉匙金鎖息相通——通於兩心。

○關門得計，法有跳牆；道高能尺魔以丈——丈難勝尺。

●薄技在身，勝田千頃；家財萬貫不如商——商能日進。

○安全以外，難謂勇敢；功建危險必英雄——雄於立業。

●胸藏丘壑，氣吐煙雲；虎帳論兵在機謀——謀算必勝。

○宜戒嗔怒，以養肝氣；能薄滋味養胃氣——氣清無疾。

●多遠女色，易養腎氣；人省言語養神氣——氣本於足。

○雨過琴書，堂前能潤；風來翰墨後庭香——香氣宜人。

●喬松倚壑，必傲溪柳；野鶴盤空鄙大鵬——鵬程萬里。

○人生變化，盡力適應；事有無常難保恆——恆非不變。

●惜人才俊，悉心調教；愛人能幹多輸法——法令事簡。

○語含啟示，易令人醒；以物省悟心啟發——發於心雄。

●農村社會，心存厚道；工業城市人現實——實不詐情。

○積善人家，必有餘慶；積惡人家有餘殃——殃及己孫。

●縱親骨肉，難聽讒毀；眾口鑠金情銷滅——滅非讒言。

○慈之與愛，分享於人；德之與惠普於施——施本仁心。

●福之與壽，牧於勤勞；體健智雄非得逸——逸莫憂惑。

○人際交往，得別親疏；寂坐於室止言靜——靜不難思。

●惟愛熱鬧，絕難豪傑；心崇娛樂非英雄——雄醉志蝕。

○山寺高僧，明心見性；人生境界了如空——空絕情慾。

●愛於山水，其性則曠；嗜於書畫性必逸——逸與必悅。

○世情嗜慾，美醜順逆；清淡平凡勿縈心——心縈則擾。

●堯舜禹湯，文武周孔；文化道統一脈傳——傳孫蔣承。

○身處困境，傷心無益；逆來順受自寬解——解必以智。

●萬物之靈，固屬人類；兇殘動物威脅人——人思以制。

○不悲於賤，於貴何言；足知於貧何言富——富施濟困。

●富不驕易，濟貧則難；貴不傲易憐賤難——難無則仁。

○焚林而獵，必多得獸；渴澤而魚必盡魚——魚再何得。

●人之大病，在於一貪；身之大患在污臟——臟污心淨。

○造物有涯，人慾無涯；有限之涯難填慾——慾止於足。

●人知於足，貧賤亦樂；不知於足富亦憂——憂昧知止。

○人不保命，其生如蟻；象不護齒終毀身——身命貴天。

●人爭於利，起於有慾；人爭於言意見異——異辨以理。

○名利場中，有刑皆具；心不繫物障難遮——遮有則蔽。

●成於豪傑，難脫逆境；刺膚寒風固心體——體衰難雄。

○萬物縱巧，役物必人；科技雖精必人操——操為人宰。

●學問創業，才藝必主；武力建功必智勇——勇得於術。

○海上堡壘，自由燈塔；地利人和占天時——時運機來。

●言行於事，筆於日誌；自反惕勵明心曲——曲調必真。

○統御用人，忠貞必先；踏實負責敢承當——當於重任。

●污衊打擊，忍辱負重；任重道遠必深謀——謀必於公。

○國家生存，蒼生生命；領袖群倫必慎重——重顧全局。

●英雄崇拜，氣節勳功；聖賢豪傑身後名——名垂千古。

○人眼易欺，心眼難服；人眼易防心難詐——詐明必敗。

●活在指頭，雖生猶死；活於心坎死猶生——生非別人。

○貨以貧富，使富變窮；權以弱強強變亡——亡必因凌。

●人不自迷，無人能惑；人不自驚無人嚇——定於方寸。

○無私無我，不畏權勢；生死不惜何足懼——懼非報國。

●光復河山，重建中華；蔣公靈柩奉南京——京國舉哀。

○少不努力，老必傷悲；立志發奮圖自強——強不蹉跎。

●實踐篤行，不存僥倖；腳踏實地平易做——做必成功。

○道能勸人，理能服人；權能管人力壓人——人明哲理。

●明白利害，感情必滅；人生情義難利害——害生於情。

○人無童心，難保於真；心失於德不保善——善愛必美。

●家先以安，始言身安；國要以安已可安——安人家國。

○天有寒暑，花開復謝；人有逆順得又失——禍福循環。

●生死歲月，各有短長；百年不亡一月終——人生造化。

○燈火萬家，鰲頭獨占；彩雲風光分外明——大千世界。

●策馬長城，逐鹿中原；勢力消長固台灣——待機復國。

○反共先知，厥惟蔣公；亡共在共共不仁——仁暴分明。

●名利淡薄，性必自純；學德皆優名自揚——揚必因優。

○財帛動心，生死動情；仁義受感德昭信——信必服人。

●權用行善，人多向善；勢以行惡群小詐——詐無主正。

○樹大招風，財多招劫；名響招妒貪招怨——怨因不公。

●多於知密，生命遭脅；結權擁勢人眾推——推不用己。

○保持童心，永遠快樂；德法年長懷慈愛——愛人必樂。

●涉及名利，必然煩惱；思念感情定掛慮——慮多心苦。

○緘默不言，息無謂爭；名利不貪絕免禍——禍起因爭。

●成眷以情，無愛難家；愛情能純萬古青——青長必久。

○結於患難，可共情義；婚於富貴圖享受──受完不散。

●智至於人，不動感情；義至於人無利害──害生不仁。

○明白是非，人必無爭；想通苦樂無以憂──憂必多愁。

●知道有無，人心無求；領悟生死則無懼──懼不明死。

○福生自由，祿享營養；死得其所心無憾──憾有願未。

●生不墮落，死不糊塗；苦不哀求人必樂──樂不忘形。

○萬死不辭，人必至忠；百順不逆必至孝──孝親必神。

●器識認識，廣識透識；識於明悟不昧事──識以謀國。

○海峽兩岸，政體不同；紅白並立萬古無──無必選合。

●仁必無敵，樂必無憂；藍天白雲海闊空──空必心靜。

○諍言批評，可淨心智；歡呼誇讚痺神經──經明必悟。

●生死苦樂，人難遠離；立身行事德功言──言立垂久。

○武不惜死，國必強霸；文不貪財國必富──富國強兵。

●毀人名譽，必遭人辱；斷人生計遭人仇──仇必生恨。

○武爭勝負，不勝難武；文論是非必辨文──文不飾非。

●三代以下，人皆好名；自有人類皆喜利──利取以義。

○樂不正當，難以久享；福來自求受必甜──甜必無苦。

●閉耳除煩，閉目靜思；閉口遠禍害不生──生惹苦多。

○機器不轉，久變廢鐵；體不運動成廢人──人活勤動。

●孔孟懷仁，釋迦慈悲；基督博愛人相融──融和族群。

○宇宙萬物，天地同流；上下一體相交歡──歡喜悠然。

●人以智愚，悟性分野；得於教養前程寬──寬仁創業。

○人行四海，隨處謹慎；時防不測化兇機──機明環境。

●非經熬鍊，難耐風霜；涉險處危敢擔當──當不以苦。

○昨日風雨，不再記掛；明日陰晴別亂猜——善用今朝。

●事看不透，書讀識少；心想不通必愁煩——煩因不悟。

○事若獨斷，慎慮後果；正反內外估算明——明於謀發。

●男女鍾情，陰陽之理；您儂我儂恩愛長——港無風暴。

○人合與天，心映天心；心溶天心則空心——心物合一。

●物以類聚，始知物性；人以性合明人情——情以性得。

○文革不仁，未害難明；六親不認人無情——文化毀滅。

●紛爭源私，反動源偏；怨恨源欺痛苦疑——疑多必苦。

○是非分明，人本哲學；真假分明科學家——家研必明。

●善惡分明，人秉道德；勝負分明軍事家——家有所本。

○風靜水明，鏡淨物明；心潔理明在求真——真真無假。

●文革殘暴，天地難容；鬥爭清算不依法——法人何法。

○頭腦輕鬆，身心無疾；心情爽朗體必健——健必身強。

●貪圖名利，無日不苦；好研學術心必樂——樂必壽長。

○悟明以理，無時不樂；行本以理事必成——成於立功。

●為人行事，重於晚節；堅守方寸本原則——則必不移。

○射人射馬，擒賊擒王；大奸就範餘無罪——罪必群亂。

●薑陳越辣，人老智熟；青年才俊幹勁足——新陳代謝。

○攬人治事，慢人必殆；常以延見易識才——才以人用。

●統御決心，明示於眾；同以生死無抉擇——擇危處安。

○人不明事，終身懵懂；一語道悟必回頭——頭腦清晰。

●智慧泉源，在於靜思；決斷關鍵在智慧——慧心必明。

○團體之中，本為一體；精誠團結力量強——強必同心。

●人本勇氣，事成果敢；行動挫敗應有援——援必屈敵。

○統御以權，召從眾意；裁定在主執有門——權責分明。

●推行事體，順理成章；拂逆人意得相反——反必無功。

○看透人生，不念毀譽；修養到家無喜怒——怒發形亂。

●人性復醒，必賴感情；靈性提高以理智——智高通靈。

○解決人類，弄明心物；瞭解時空究宇宙——宙間廣闊。

●良心清醒，人理必明；頭腦靈活人智清——清於無染。

○人秉真理，照耀千秋；憑恃強權炫一時——時過必消。

●一語道破，理明見底；人因需要價值高——高必人喜。

○政治戰場，文藝尖兵；勝負成敗筆之端——端在文伐。

●左翼文藝，為毛利用；自認前進實鷹犬——過渡價值。

○軍政戰場，筆桿槍桿；槍桿難抵筆桿鋒——配合則勝。

●文以為藝，哲思抒情；敘述遊記並隨筆——筆之為文。

○文人相輕，自古已然；不適今日同協力——力建事功。

●發之於口，莊重以言；態度穩健風度優——冷靜反應。

○權力左右，霸道作風；真理支配必王道——道明心正。

●患得患失，生無快樂；易反易覆少至友——友交以誠。

○遠色少禍，遠財少災；是非能遠少煩惱——惱人必煩。

●話出客觀，人必易服；聽話主觀不受騙——騙必不懂。

○仁術服人，詐術失人；藝術怡人術有別——別學害人。

●小人難去，以利而導；惡人難殺因善行——行善去惡。

○強而不合，雖強亦弱；弱而能聯弱必強——強要能聯。

●言必求效，無效無果；行必落實行必正——正行必果。

○言出以信，行必得果；行以有果必立功——功成在行。

●人性相親，自然規律；階級相斥是人為——為必不諧。

○人類相愛，難劃界線；互為仇視非人情——情必有親。

●官僚沒落，公僕興起；民競科技爭發明——明必有專。

○科技發達，工業起飛；民主自由企業興——興於台灣。

●昔曰中華，重文輕武；文人理政崇詩文——文以武強。

○孔聖之道，本於人道；其道能行天下平——仁以掩暴。

●銳目觀變，鎮靜應變；革故鼎新以轉變——變必致勝。

○理論以智，道德以仁；行動以勇可統御——御必群倫。

●量寬容物，心寬恕人；面善心惡人難知——知必行仁。

○心靜物來，自能順應；思靜理出道可明——明必理申。

●事明正反，易彰黑白；勢分順逆體人生——生當明理。

○體洩之物，髒非尿液；言出良心無不善——善本良知。

●人中之美，獵以對象；高帽載多厄運來——來聽諍言。

○天下事物，當以獨當；人間善惡是非清——清必以心。

●官僚畏權，政客怕勢；壞人懼打惡怯法——法申必刑。

○小人有權，作威作福；君子有權誠惶恐——恐其權腐。

●與人鬥氣，定必愚人；和人爭智多聰明——明達無氣。

○事利於人，必是道德；謀益於國必大仁——仁政國興。

●宗教於人，自信皆善；導人正途以救世——世教不劍。

○人性慾望，難填溝壑；權利物慾心不滿——滿必心止。

●無病呻吟，言必無物；言不求實必空飄——飄於無成。

○人立於世，誠懇守信；勤勞樸拙事必成——成於力行。

●統御英明，上下一體；團結一心結成鋼——同心同德。

○地位落伍，不足為羞；思想陳舊永無進——進必更新。

●滴水之情，湧泉以報；受惠於人不忘德——施不望酹。

○勇於公戰，當怯私鬥；伸張正義應直前——前顧於後。

●天生以知，後天困學；義理分明悟人生——生本慈愛。

○誠感天地，不誠無物；誠之於內形於外——外通天心。

●人以誠感，易貫肺腑；生死願效永不辭——義理通天。

○心神不定，當知惕勵；禍事突降心難安——安心處事。

●情難分離，恨難易合；事難理辦邪難正——正人無邪。

○結無感情，人難動心；交乏道義難得人——人服以義。

●無用之人，畏言無能；有錢之人怕談錢——錢多怕死。

○事多怨言，人必無能；不分皂白人無知——知不成理。

●人親以親，心必愛物；生以和諧仁愛風——風被德厚。

○人能忠人，必能忠事；不忠於事難忠國——國事人負。

●孝不父母，難忠於長；愛不子女難惜屬——屬必離心。

○聰明無德，心必多詐；才多乏恆事多敗——敗無毅力。

●事悖情理，必敗無疑；人不守法必受罰——罰因不遵。

○借錢解危，能還則信；有恩必報人多義——義無難人。

●無妄之災，隨時可臨；戒慎恐懼本善行——行本心安。

○吹拍人輕，傲慢遭棄；凌人反擊心氣平——平於不亢。

●以事為緯，以人為經；貫通時空論人生——德言功立。

○軍不干政，政不將軍；國有安危軍當鋒——衝鋒陷陣。

●發揚人性，消滅仇恨；仁愛胸懷必久長——人性勝物。

○大權在握，恕人必德；有錢在手多施惠——惠人享富。

●取得天下，多用義勇；保住江山施仁安——安必德政。

○秉視智言，進步必速；揭露奸謀止禍生——生必有變。

●賞罰客觀，必得公平；是非立場無成見——見地要明。

○自私之人，不言是非；論於利害無情感──皆非人德。

●主敵在前，放鬆次敵；力用次敵擊主敵──敵以制敵。

○運用機勢，掌握主動；縱橫捭闔逢其源──因應以擊。

●尊敬長輩，虛心請益；傲慢前賢必受損──謙遜以禮。

○母雞得食，尚呼其子；老叟無衣猶抱孫──愛本人性。

●教必無類，因材施教；十年種樹百年人──人必成材。

○志士仁人，殺生成仁；但無求生以害仁──仁必無敵。

●己所不欲，勿施於人；自己不做勿強人──以人設己。

○統馭無方，剛愎自用；工作成敗應自負──負於自己。

●背言人善，人必愛您；惡言人後聞必恨──恨不面諍。

○自己行為，良心引導；別人行為以良言──言必人益。

●錢可不要，理卻必爭；官可不為人要做──做人以德。

○人不受禮，人情無累；遠於賄賂無恐懼──懼必自找。

●細聲漫語，理必圓通；從容不迫態必莊──莊重從容。

○阿諛之詞，沖昏頭腦；忠諫之言心警惕──惕行戒謹。

●利令智昏，色使人迷；逢利遇色腦宜醒──醒不必迷。

○話不迷心，言發良心；人不阿諛大丈夫──夫人必正。

●人疑於我，暫不近他；我疑於人可不用──用必不疑。

○理智客觀，可除恐懼；感情豐富增人緣──緣生於情。

●受恩不忘，德報有日；施惠不記心無悔──悔非君子。

○以善付惡，其惡自消；以是對非非自除──除非必是。

●貪得之人，終無所獲；愛施之人享無窮──窮非因施。

○慈不帶兵，善不理財；兵宜嚴訓財施仁──仁德威匡。

●人宜明悟，事要想通；天地事理不容懵──認清自己。

○童年歲月，各有苦甜；夢幻人生宜早明——明耀旅程。

●人無權利，選擇父母；貧賤富貴在創造——造就人生。

○人生習性，染於環境；經於頓挫質易移——移於善惡。

●人之相接，始於認識；經過交往以明性——性染善惡。

○心懷仁慈，永不寂寞；漠視別人終孤單——單有好壞。

●假言一句，全部失真；私於一事棄全功——功棄罪己。

○存心愛人，以仁發揮；使人懷念易稱德——德入人心。

●不正之財，難必正人；不正之事正人恥——恥因不正。

○濟人貧困，以義發揚；言以有理便稱道——道契天良。

●欲止謠言，克以事實；想止人謗反省克——克必煙消。

○人怕錯行，女怕錯郎；路線不對難回頭——回必犧牲。

●人無膽識，才不為用；心無方法才不揚——用人必識。

○仁而無智，事必上當；仁而無勇心必怯——怯生無勇。

●人在氣頭，別下決斷；莫用情感遷就人——人本立場。

○人找事做，事功無窮；事等人為功有限——限量必微。

●喜怒決事，個人必錯；眾人意見事必對——對事非人。

○法破矛盾，以詐貫穿；事難解決以行除——除非志弱。

●志聖先賢，各有立言；教人去惡以從善——善德化人。

○道德統御，有識之人；智識領導無能徒——徒具各術。

●安於生活，靜以思慮；快於反應行動速——速必制靜。

○前人種樹，後人乘涼；言以成理百世傳——傳於千秋。

●主將相爭，資本勢力；智慧權謀客觀情——情勢必握。

○事不能謀，敗卻有餘；雖有心智事難為——為不能事。

●事能及智，可免損神；體不及重必傷身——身負必損。

○設謀重智，執策重行；事實重法人重學——學通理明。

●同願易行，同利易合；同逆則反爭必鬥——鬥必兩傷。

○不能容物，大不了事；不能化物難成事——事成必化。

●事多怕行，敵多怕智；怨多怕仁怒怕忍——忍多必強。

○不受創傷，難為大事；不得教訓難大任——任事恆毅。

●相處於人，瞭解認識；接納對方處以德——德化知友。

○金礦易盡，腦礦無窮；礦源開發多用腦——腦力無限。

●把握訣竅，兩撥千斤；掌握機會小圖大——大因小成。

○錢賺不完，智賺則得；世事難盡心做夠——夠應看力。

●說話無主，其心必亂；做事未謀易於敗——敗因無識。

○笑口常開，心情曠達；嘻笑聲中藏禪機——機悟皆美。

●性喜機變，機不可測；共事於人易遭殃——殃因誠無。

○辦事精明，做人渾厚；為學細心藝求美——美中求美。

●事做於快，得以方法；工欲求美精技術——術分優劣。

○謹守本分，智少無妨；處事有方不須學——學豐事美。

●言平氣和，自能圓通；事處老成可免錯——錯因輕為。

○公以能平，平以能和；和以能興興必富——富樂人安。

●話人愛聽，心與共鳴；事做人樂舉合力——力合事舉。

○工業社會，多求現實；圓滑通達易於事——事成於人。

●聰明叡智，守必以愚；功被社會守以謙——謙以德智。

○勇武蓋世，守必以怯；富甲一方守以德——德和戒滿。

●生命之能，光電熱力；誠仁智勇命生輝——輝耀動力。

○人性之德，成己成物；推及己人在明德——德厚至善。

●人性善惡，始於環境；性本以善惡有因——因德化惡。

○時光有限，世事難完；財貨固多享用少——少必多福。

●專論感情，處難公事；重視理智不私情——情以法顧。

○不想壞事，必無壞行；不做壞事無壞果——果必有因。

●以法治民，民遵其法；法由民立不寬假——民主法治。

○安其所業，盡謀發展；保護有法人守分——自由社會。

●家有家規，國有國法；人於社會守規範——範越則法。

○放不下心，做不好事；靜不下心理難出——出必因想。

●人無個性，不能治軍；人無德性政難治——治必以德。

○耐心將事，必能想好；耐勞將事必做好——好事耐煩。

●政敵產生，並雄爭戰；雙方策略勢與力——力盡必敗。

○小小世界，大千形象；宇宙雖闊有衛星——星空必微。

●事關權益，醜話說前；約不列明後難爭——爭必以法。

○世事複雜，人心不古；人心矛盾變無常──常守應變。

●病起疑恐，非安於命；守於正念速癒方──樂觀於意。

○身安於心，心寬於屋；命得於志守達觀──奮志莫愁。

●不幸於人，守於一忍；心平於意勿自餒──餒不圖強。

○妻勝於花，善解人語；花勝於妻能生香──香語人醉。

●油鹽柴米，醬醋於茶；麵包愛情共時艱──艱度必神。

○賢妻佐夫，不遭橫禍；悍妻於夫順求睦──睦內安外。

●人結於婚，互託終身；甘苦於共安危仗──仗同創程。

○人非慮病，難除色熾；身繫名利不念死──死心無爭。

●妻德夫才，家必興旺；愚婦賢夫可共美──美才則德。

○愛溶金石，情融冰炭；男女心火化宇宙──山河變色。

●儉以寡行，則易立身；儉以施善可濟人──儉當以德。

○人有卓才，心堅則成；強於忍耐可致業——志於不撓。

●位高易傾，言行當謹；禍福無門惟人招——本之以德。

○知人易智，自知易明；達於名利害無生——智窺人道。

●人欲勸善，得先贊美；心喜納言再指失——諫之以德。

○關山跋涉，授以術德；非因炫奇當有謀——謀必以德。

●欲子成龍，自幼嚴誨；性悍不馴易子教——教易易成。

○雲從於龍，風從於虎；氣從於志勢使然——然從必得。

●敗陣之將，豈言於勇；功成於偉可言智——智仁潤心。

○人處於順，當惕於心；身臨於患宜寬舒——常思則安。

●奮之與憤，盛衰之根；勤之與惰成敗因——因勤則得。

○生活愜意，精神充實；人生歲月易度完——完必美好。

●貪之與廉，得失之源；寬之與虐恩怨府——存寬勿怨。

○靜之與躁，壽夭之兆；忍之與激安危券——棄激無躁。

●謙之與滿，禍福之本；敬之與肆存亡界——能敬必謙。

○君子小人，止於義利；義與不義在人為——為謂君子。

●飽食足衣，言不及義；終日昏懶難有德——德行以仁。

○命勝於忍，其命則短；耐勝於命則命長——長命人修。

●人情反覆，世路難測；言貴審慎行無謬——明以立身。

○敗中求勝，其成則久；勝中不敗則敗無——無敗必勝。

●事能擺平，始言安定；理要說通必無阻——阻必難通。

○思力集中，推理易明；精力專用事必成——成於精一。

●肯下苦工，則學易成；不用精思理難通——通必理明。

○腦不怕用，常用思精；腦筋怕傷傷神昏——昏難神慮。

●學不以傲，其學必進；做人不驕人必親——親必事成。

○爭於天下，當論情勢；權術弄人必惡果——將雄必略。

●虎帳論兵，籌謀戰略；甲機深藏策必勝——勝兵敗勇。

○人乏假敵，船行無舵；惕心勵志當標桿——無敵必殆。

●錢非萬能，能禮人親；義為前鋒情當先——先必感德。

○聲音低沈，意能莊重；頭腦冷靜心必專——事斷必正。

●衣服污染，以水來清；人格遭辱善來除——除非不善。

○衣無尺寸，不知長短；事不權衡難輕重——重生於輕。

●技無競賽，不明優劣；人不比較難好壞——壞明於比。

○讀明三活，活學解用；事明三通情理法——做人明禮。

●載舟覆舟，得憑運氣；上台下台看榮辱——厚德載人。

○靜心多妙，飄然不群；幽泉野谷明月高——高必境美。

●兩權相抗，來使不辱；才華縱橫智必雄——雄不辱節。

○新官就道，勢必燒火；統御群倫看智能——威德並舉。

●激發榮譽，鼓舞情操；勵以忠貞報於國——國重於家。

○為致於勝，兵不厭詐；虛實互用奪先機——武將運心。

●打必兩傷，鬥必兩窮；爭必兩損訟兩敗——敗皆因氣。

○鐵經錘鍊，始可成鋼；事磨苦熬必成器——器成於勵。

●人目相對，眼必傳神；兩口相角心傳智——智發心慧。

○昔人潛修，期與獸別；今人愈活禽難分——文明渣滓。

●家醜張揚，人必不美；傳人嗅事心必惡——惡隱揚善。

○氣質脫俗，人品必高；識見宏遠智必明——明於器度。

●軀體滄桑，人易衰朽；心靈歲月老更美——美於智熟。

○事弄於僵，情難以化；欲緩於衝得溶解——解於調和。

●心與心印，互必傳情；手與手交授以藝——藝生於手。

○鍾鼎易舉，難抬一身；能看百里不已眉——眉生眼上。

●戀無感情，心最愚蠢；貪有負累人必笨——笨必不明。

○神愛世人，人常惡人；人死有罪永沉淪——淪前懺挽。

●中外文化，互易交流；長短相補放異彩——彩虹必麗。

○英雄創業，業創英雄；豪傑有淚非豪傑——傑豪必聖。

●做人忘本，難稱國人；去國忘本變異種——種族化異。

○留學國外，飽學成士；祖國不愛愧子孫——不辱炎黃。

●暗潮洶湧，鉤心鬥角；明無山頭暗藏礁——礁生必險。

○事有興趣，必產好品；心本毅力結好果——果得於因。

●有德容人，皆願效力；從善如流多諫言——言聽事美。

○言語難化，人必塞心；食物阻胃必傷體——體傷於胃。

●欲養德望，多施人惠；善養威望予人嚴——聲望示能。

○傷身易醫，傷心難治；貸放容易收債難──難不失情。

●不善積蓄，老必挨窮；身役於錢苦目前──當用不惜。

○愛以所同，敬以所異；詆譭難人不排擠──道行不悖。

●世上厲鬼，絕不可畏；人們最怕是窮鬼──仁德之友。

○酸鬼難纏，窮鬼難對；鬼遇大頭必心傷──以物降物。

●做人無情，其人必孤；家無人情家必亂──亂必難家。

○賭能輸光，色能迷光；訟能鬥光奢食光──光暗難明。

●善解人理，言之必順；明白事理行必興──理興必得。

○自作多情，必討沒趣；一廂情願心必錯──錯無人感。

●英雄識時，起以創業；茅賊為盜行莫寇──難以拯民。

○論理議場，理正人擁；力較戰場力多勝──勝因智決。

●擁有權柄，多建威望；人擁學德樹聲望──望無難歸。

○情無理智，人似盲目；智少情感心如刀——刀鋒易傷。

●不和傷財，財通人和；械鬥傷身人易亡——吵鬧傷情。

○曰積一文，久必得富；曰虧一錢久必窮——窮因曰虧。

●意見相左，重視少錯；阿諛無才事難功——功成於人。

○久賭必輸，喜爭必傷；好戰必亡樂極悲——事有正反。

●父母之聲，心必感動；兒女之音心必軟——軟因連心。

○以智賺錢，心物交換；以錢役人物心易——易非人役。

●人之將死，其言亦善；秋風以起花凋去——去前淨孽。

○流水推斷，家事難說；善惡不明是非淆——淆因不分。

●刻苦治家，家必興旺；刻薄成家家必敗——敗因刻薄。

○中華文化，忠孝為先；歐美道德論功利——利生少義。

●家有賢妻，惡友難入；國有忠良賢必進——進必國興。

○文人相輕，言難輕發；武將互仇各擊破——破非國益。

●刀能殺人，不能奪心；錢可通神難買心——心本於義。

○閒看落花，不聽人非；抬頭望雲心曠然——然秉禪機。

●爵當功致，刑不貴免；賞不遺遠罰不私——私公嚴明。

○善大於孽，人必可救；惡大於善人可誅——誅不人罪。

●話說有理，千句不錯；言不中肯半句多——多因說錯。

○食於勞心，天賦必高；吃於勞力體必強——強因用力。

●培植成全，十年不夠；毀滅破壞一日多——多因無德。

○父母未樂，子女不孝；兒女不學親失教——教因未嚴。

●評斷是非，要依理智；造福人類必才能——能善無惡。

○遍地黃金，愚昧難得；事物解決賴智明——明理易判。

●聖賢道理，簡單易明；豪傑判決功可行——行因明快。

○鼠因缺糧，潛縱以逃；犬為家貧但守門──無節有義。

●熙攘喧囂，隨波逐奔；同流則可豈可污──逆流覆舟。

○忍以少敵，仁以無憂；暴以短命躁僨事──柔以克剛。

●色臨當頭，心動難聖；利來面前動難賢──怕死非雄。

○生死利害，不計稱義；恩怨是非當論理──理明無生。

●人死可替，病難人代；病痛可忍癢難耐──耐必難受。

○磊落光明，何生卑亢；看透生死豈憂懼──懼非明透。

●情緒不穩，話多無益；掌握心理事有濟──濟成在人。

○利害之言，必生主觀；生死之言必至誠──誠因感召。

●同情之言，心必有仁；肺腑之言必感人──人感其人。

○一面之言，易生偏差；親情之言必無假──假非親情。

●能決疑難，必識明智；能感金石賴精誠──誠感天地。

○與人合作，事業易為；配合醫生疾易癒——癒不必重。

●妻為夫想，必得幸福；夫合妻意得溫暖——暖心必醉。

○娶妻以賢，不論學識；嫁夫以能非錢勢——勢不御妻。

●妻論夫短，自取人輕；夫言妻非易家禍——禍生人口。

○男與女處，情感為重；女與男往理智先——先不易誤。

●男女婚前，眼珠宜亮；嫁娶以後多閉目——目大多刺。

○地位大小，非以尺量；統御領導看學養——養於德業。

●河中泥鰍，終將變鯉；魚跳龍門必成器——器培勿鄙。

○腦動宜快，耳朵宜靈；口發宜敏非長舌——舌動理事。

●心捐名利，便易脫俗；念無生死易入聖——聖境必神。

○殉情以死，人必知愛；殉節以亡人知恥——殉道知理。

●德以處世，必能創業；知可立言識增膽——膽因識廣。

○良心發言，千言有理；事實說話語無錯——錯必無實。

●察顏觀色，臨機應變；要言於理握重點——點出竅訣。

○人性善嫉，自古皆然；處本以誠心坦然——然嫉非德。

●欲念一雜，靈光不透；靈台毀去病叢生——生必當明。

○仁從上起，義自下生；愛由內發信先外——外必信為。

●接近孩童，不失赤心；貧賤為伍心同情——情生於憫。

○化頑以情，啟愚以理；制惡以法施必德——德行人感。

●不求人事，雖賤亦貴；不與告貸貧亦富——富心無貧。

○記人好處，萬惡化掉；惦人壞德親友少——少友無業。

●釀造是非，愈說愈多；人欠恩情說必少——少言必重。

○十年相交，難樹一友；一句怨尤易成仇——言出必慎。

●立身不易，以誠破之；處世不難唯守拙——拙本渾厚。

○智教於我，師情恩重；國保於身心報國——國恩當報。

●氣潤身舒，言潤心暢；情潤人暖德潤仁——仁發於心。

○關係清白，債務明白；公私辨別分際明——明於做人。

●青菜淡飯，無錢亦甜；車水馬龍必少樂——樂因心靜。

○外評名譽，內涵道德；行事立身應守分——分際分明。

●心生同情，事皆可善；邪惡念萌運必壞——壞必路邪。

○邪人邪話，正不敢言；正人正語無邪言——言正人畏。

●事明因素，更明深度；前因後果須判明——明以決斷。

○虧負人情，設法補救；過河忘橋非人理——理明不欠。

●政治無情，權力無義；手段要狠心須仁——仁公為國。

○人畏惡人，惡不論理；抓著一點發雄威——天不怕惡。

●心存正當，祛除偏狹；培養自尊去惡邪——做人正直。

○個人命運，操諸於己；倚賴成性難於功——功成自強。

●台上惠人，下台人親；得勢凌人失反擊——擊必酹害。

○輕視智誠，其行必錯；尊重道德行必善——善必因德。

●智動以理，名動以名；利動以利看人嗜——嗜必因愛。

○人若無知，自生是非；人如有識絕無煩——煩因識淺。

●清白做人，白璧難污；正當處事孰敢損——損必因私。

○一水人飲，可分冷暖；眾花經雨各安危——遭際各異。

●千金重擔，貫壓肩頭；一片赤忱盡忠心——心忠國事。

○為以常存，行以常至；人怕有心事怕為——不為難成。

●自身正派，伍氓仍清；心存邪惡伴賢污——污泥不染。

○白璧無瑕，品格晶瑩；麗日經天事偉雄——雄必轟烈。

●煙吸毒深，酒飲性亂；嫖多禍身賭喜窮——窮死難悟。

○金錢負債，活難舒適；人情不負心愉快——快樂神怡。

●感情用事，易變婦仁；理智處世親不認——均衡人聖。

○怒氣沖發，理智失控；激動暴躁情緒亂——亂必行誤。

●待客不誠，客不再來；待人不真友不交——交必以誠。

○人如求我，力當濟急；事若無求品自高——高孤則寡。

●仁心一生，無事不興；愛心一起人皆親——親必因愛。

○人之可貴，貴有思想；人之可敬因有學——學以德配。

●人處團體，氣氛宜融；事處領導樹德威——威無難服。

○強人所難，人我皆苦；本以所願彼此樂——樂共人我。

●與人無爭，可滅恩怨；與世無爭少是非——非爭必苦。

○話聽尊長，能討歡心；言教晚輩收默化——化必向善。

●支配行動，骨氣非硬；左右思想無意志——志事配合。

○愛能融化，忍除一切；仁可去惡讓必寬—寬必有餘。

●國無常弱，奉法必強；人無常強無知弱—識廣則強。

○家有家譜，族有族名；中華民族合一家—家族共和。

●智不詐愚，強不凌弱；抱智處勢利蒼生—以智福人。

○私不害公，公不濟私；公私分明做人耿—耿於忠國。

●置身戰陣，分秒必爭；勝負移轉在握時—時以制機。

○內奸不除，外奸必應；團體無奸志必一—一致必勝。

●財貨可盡，才不可窮；權勢可落志不墮—墮必敗亡。

○裝飾奢侈，豈顯榮耀；節儉樸拙必美德—德美必潔。

●友交患難，人必耐久；雪中送炭心不忘—忘必無德。

○水出有源，可保長流；人交有情永溫暖—暖心必安。

●家族倫理，序於輩分；社會倫理論年齡—齡長尊崇。

○富知施捨，則人能安；窮守本分心不亂——亂必胡來。

●千古文人，識謂文丐；無文何結人史心——心評不刻。

○一句閒話，猶似利劍；穿肉刺心如刀割——割人忌言。

●人認聰明，自以為傻；接物處世自曠智——智無愚人。

○事別做絕，人不寡情；處世宜留餘地步——步必穩行。

●薄人不薄，厚人當厚；忠實做人心本德——德以仁本。

○外人之名，示以符號；中國人名代傳統——統世序列。

●話說以多，必惹是非；言不於聽受冷落——亂說遭禍。

○家有人私，雞犬不寧；群有播弄是非多——國有奸亂。

●不要邪錢，不做惡事；不交壞人護身寶——寶勝千軍。

○施人之情，不受人情；施人救濟勿人濟——濟人德惠。

●同事固久，談友未必；雖處於長神離合——合必以親。

○情結於難，生死必共；義交於危患必扶——扶因攸關。

●知過不改，性必跋扈；目中無人必剛愎——事必無成。

○私心一萌，心機無窮；公念一起事光明——明道易行。

●富濟人果，始言真富；貧不求濟非真貧——貧當有骨。

○克己利人，其行必美；損人利己必心惡——惡念必醜。

●利人利己，其行必智；害人害己人必愚——愚不害人。

○父母生我，立根之基；雙親育我恩如山——山恩當報。

●勤勞節儉，勝過金玉；潔身自愛勝人護——護必以德。

○名利當頭，榮辱攸戚；仁念於德潤於心——淡泊寧靜。

●矛盾衝突，尖銳爭鬥；敵友不明應爭取——取敵為友。

○心煩意躁，坐臥不安；籌思對策事難決——決借人謀。

●爾虞我詐，損人利己；趨炎附勢人不恥——恥己正德。

○人類才華，戡天役物；超逾己能處火山——智謀爭雄。

●默坐靜室，評審輿圖；世界形勢明於心——心明不惑。

○官寧不做，確要做人；財可不發品要潔——潔不必污。

●人若心正，邪念難進；行如正直壞遠揚——揚必無壞。

○做人渾厚，人樂合作；處事認真人不苟——苟不必功。

●予人所需，感人心動；濟人所急人懷念——念必報德。

○失信於人，萬言皆廢；不義於人難再友——友復義還。

●以德化人，必為人尊；以利益人人必敬——敬不為己。

○口以蓋天，眼高無人；言行無狀必狂徒——徒悲無成。

●事來突然，處必鎮靜；心安不躁行不亂——亂必事敗。

○稱霸為雄，不適今日；世界潮流崇民主——順應以生。

●人秉信用，勝過資本；致富要訣在勤儉——儉以求富。

○不做壞事，人不怕刑；功夫到家事易成——成於耐勞。

●人本大公，受人敬畏；引事無私心不愧——愧心必私。

○背理悖情，人鄙無德；作奸犯法無人保——保不再犯。

●懂得做人，人必重視；不明處事人玩弄——弄明情事。

○情吊口頭，易變無情；恩記心頭思圖報——報必因情。

●心頭願意，一切都肯；心裏鍾愛物不吝——吝必不愛。

○信用破產，分文不值；人格掃地人不齒——齒無立德。

●孝而不順，等於不孝；尊而不敬怎謂尊——尊必先敬。

○性格沉毅，有守有為；態度穩健不疾徐——自強不息。

●人際關係，同學同事；師友金蘭與鄉親——事業相協。

○馬行遠路，必悉其力；人處一久性自現——現難明心。

●口舌逞快，固稱於心；話不以理人必鄙——鄙其強辯。

○鄉野賢達，紅塵奇才；江湖豪俠皆人雄──雄於國用。

●人無仁義，情難溝通；事乏情理難處世──世秉情義。

○中得人平，和得人悅；理得人敬情得心──心通於法。

●人說於理，要本理論；言表於情有情意──法以事實。

○友交情誼，少結怨尤；事業道上無阻力──力化於怨。

●人立於世，友不如己；創業途中唯賴友──友無難功。

○縱然不滿，豈能立現；忍耐觀察氣可消──消於無形。

●不敗於敵，先敗於己；人生事業多遺恨──恨無謹慎。

○見善當取，有過勿飾；義為人路禮為門──門無惡改。

●懔承先祖，創業惟艱；守成惟恐享用尊──尊必光宏；

○為己著想，別人不聽；為人設想人必服──服必真心。

●義中取利，其利必久；利中存義義必長──長必有義。

○依人生活，必無出息；靠人生存無保障——當求安穩。

●口是心非，必被人咒；損人利己遭人鄙——鄙以無格。

○利害不講，人必忠義；長短不爭道義友——友義千秋。

●生活放縱，行必狂妄；性格古怪必目空——業必難成。

○縱目窗外，權衡宇內；側身世界論人生——生秉樂觀。

●僚氣酸氣，混氣戾氣；暴氣洋氣皆應去——去不必敗。

○不交惡友，當無人禍；不做壞事少災殃——殃由自招。

●濟人之窮，人必感德；助人之難人報恩——恩不仇報。

○地有山川，風水長流；屋無門窗氣不通——通氣人活。

●為情而動，先論身安；為理而動求心安——安行於法。

○事於己言，向心能安；情於家言求身安——安必能健。

●招待賓客，要有客情；做人理事有人情——情發於真。

○百疾易癒，心壞難醫；千愁可解性難失——性失非人。

●思想污濁，絕不心潔；行言不規難為伍——伍不潔身。

○冥途路上，長幼思親；窮富人生必思財——財多當施。

●言不狂妄，事不越分；待人接物本人情——情以求真。

○事業道上，行車要正；搭錯巴士調車難——易車宜節。

●強人所難，豈謂同情；兩廂情願生愛心——心生必情。

○人具私心，烏雲遮日；己具私心塵入目——目難容塵。

●思想工具，則為文字；行動主導為思想——想行必具。

○做人之理，父母當教；為學之道靠老師——師長該尊。

●思念父母，謂為孝心；敬養雙親稱孝行——行當順親。

○人不犯法，身必自由；行不作姦心平安——安心得福。

●千丈之木，發於土根；萬年之業起寸心——心堅必成。

○心無所怯，自必膽壯；人有膽識事易成——成必以學。

●物忌全成，事忌全美；人忌全名志忌滿——滿必遭損。

○貪勝易敗，貪榮易辱；心好於學必絕功——功成於專。

●江湖一句，勝話千言；要言不煩理當頭——理有必解。

○世間之事，梗阻窒礙；風浪潮湧難隨心——心忍易行。

●人有所為，心必堅忍；立場超然事果敢——作風賢明。

○人際關係，複雜微妙；運用巧拙看方法——法因人成。

●不尚虛名，因事求實；明志淡泊以盡職——職本於責。

○翼羽已成，勢必難破；因勢利導化成力——力以致功。

●口出穢言，人必不檢；行為卑污令人鄙——鄙其形惡。

○常識貴廣，學識貴專；膽識貴堅行要猛——猛必摧敵。

●多讀好書，變化氣質；要做善事聲譽隆——隆必致業。

○行有道德，人必敬重；學有專長人必用——用人以才。

●國家命運，個人前程；溶於一體息相連——連共榮辱。

○原諒不智，便是有智；寬宥無能則有能——能諒是德。

●奸必近殺，賭必近盜；錢多近色富近奢——奢化成德。

○無名之恨，何須深藏；解憂消愁惟心寬——寬恕心朗。

●頭腦清明，步履穩健；身心爽朗事遂順——順境不驕。

○貧病煎熬，身心愁煩；事不如意逆境臨——臨忍突破。

●不以苦功，學難有成；非以深思理難通——通達情理。

○口笨多講，必能練好；文拙多寫文必通——通順文理。

●天地萬物，皆為人備；古為今用勿泥古——古役難明。

○人無口才，講不好話；肚內乏學難寫文——文以達意。

●製造物品，多不如細；探求學問少貴通——通明事理。

○賺錢種德，錢不白賺；學不傳道則枉學——學承道統。

●共致於業，不相疑貳；間不為難相坦誠——誠事同德。

○人用以嚴，當施以寬；寬嚴相濟治必革——革變則新。

●謀人以誠，謀眾以信；謀事以智謀物仁——仁民以德。

○事出非常，非勇難為；衡勢量情斷然處——處不及謀。

●心曠以智，智必以虛；虛必以明明必達——達非難雄。

○人尊其聖，蓋有其德；有益於世敬其賢——賢非霸成。

●世上之神，均有其歷；歐美稱強不產神——神由道修。

○人微能顯，其顯則久；先顯而微如星落——落難人知。

●因事設謀，由強而弱；因謀易勢弱轉強——剝復興衰。

○惟德惟義，服人則久；以權以勢治一時——時施仁遠。

●株守家園，終非長策；展志四海易建業——業成人為。

○以品做人，人必敬重；以誠為事人不欺——欺人不德。

●一字之貶，萬古之羞；一字之褒千載揚——揚於世人。

○惡墮於淵，善揚於天；邪不入道正必神——神佑則靈。

●見嫌母醜，有悖人子；夫惡妻笨不該初——初慎無悔。

○安貧樂道，口頭禪語；窮極思變是人心——心難滿足。

●化繁用簡，理事之竅；去簡為繁求精門——門致於學。

○重財輕德，外人習性；人輕於物非國人——人重情義。

●互助合作，各理其業；勿用傾軋人則平——平心為人。

○競取職位，不談階級；互為協力非鬥爭——爭本以諧。

●行事以名，人從其望；非秉至公難御心——心德行權。

○持立大義，賢豪為用；行權以德易服眾——眾收仁心。

●人勇無謀，智必遲發；臨事有懼不成業——業常人沮。

○事微而怯，大事則勇；行非小節大節烈——烈雄略事。

●惟遲多疑，行必不速；失機昧勢終受敗——敗難立業。

○聞雷而驚，風烈則變；若非故態必偽作——智不人測。

●眾怕奪氣，人畏攻心；謀懼人洩計難施——施固強壘。

○以時制人，以事制行；以物制量置掌握——握不曠用。

●無翼難飛，缺水難潛；虎離山林不逞威——威德賢配。

○事以人發，業以人為；人以才濟握事機——機無難業。

●眾不敢愚，畏其德威；間操人謀萬星拱——發未人知。

○人謂世愚，多昧害前；遭損始知事後明——明於事法。

●人具以權，體形以勢；心發以謀待其動——無眾難為。

○飛蛾撲火，自殉其身；螗螂阻車不量力——力勇輕生。

●友誼背後，莫隱以詐；相處意圖不異同——同德共業。

○幌蕩悠閒，匠運其腦；條理析事用於心——心筆記文。

●講台之上，展才處所；簡明獨到聽必敬——敬其口鋒。

○滄海樓閣，桑田玉宇；世變難測今昔非——歲月無情。

●昧於哲學，處世無則；不明義理難做人——人理貫天。

○德薄能鮮，難膺大責；藉重賢才建事功——功假眾為。

●人不明勢，昧察人心；玩弄其力空逞強——強權識時。

○殘人以逞，枉顧人益；握權自雄稱勢強——強私則賊。

●人昧勤讀，心智難啟；古籍義理通天地——奮志以求。

○日理萬機，案牘勞形；忙裏閒偷當惜體——體動則強。

●口不交語，難明識學；人言深度判智愚——非明難用。

○邀友酗酒，雀戰相酬；損體傷和反臉情——情非情得。

●餐於尸位，不謀進取；悠悠歲月度日年——德必不為。

○人謀於事，非成於天；事不人謀必難有——有當得果。

●昧於人心，憑意斷事；事功於果看權謀——謀操以勢。

○權治於事，操急非策；察病明因先理氣——對病處方。

●先順其人，再理以事；成其所務章法穩——穩不難果。

○失挫於人，非錢難買；個中因素當殷鑑——鑑不挫事。

●計怕人揭，謀畏人明；事懼人破宜密行——行前宜守。

○識力透絕，洞穿人心；人見其威肝膽折——折見敬服。

●忠敬於上，和於同仁；厚待僚屬德威人——人賢為用。

○驚濤駭浪，海上揚帆；敵騎縱橫一遊民——民忘求閑。

●人有所務，其行必規；言不務外行必正——正不邪趨。

○生之為人，皆要求活；欲併其生世難安——安無則競。

●狂言亂語，言不知慚；目空無人世皆豕——豕混無德。

○經世之言，益世之語；倡言正論拯世人——人慈為懷。

●神祇萬千，皆謂正神；神不慈悲必為邪——邪神難正。

○人生於世，極世益人；嘉惠世人陰德積——積德人神。

●既明城府，慎出於言；不表於情難測心——心誠化世。

○學於先賢，立人之則；不明史乘行無根——根生有本。

●學當以武，行須以文；文以武經武為緯——緯武文成。

○名成當代，未必傳世；人不求名只顧前——前多現實。

●人生於世，安分守己；從事行業當務本——本立道生。

○生於亂世，當逞一雄；人逢治世本於法——不作刀俎。

●動必難思，靜須宜慮；動而能謀必為雄——雄動制靜。

○震不驚心，亂不擾情；浩然正氣胸中藏——藏於雲天。

●人疏交往，久必無誼；往密過切情必疑——疑友有求。

○為人處世，應立標竿；朝夕異變誰敢交──交執信義。

●交昧於人，難言知己；結友萬千終無義──義必心明。

○人非相談，難識其知；知識縱薄勿相輕──輕必人鄙。

●非提以綱，難執其領；政策掌握勤督核──核令貫澈。

○事不決斷，謀昧於行；不明形勢必無能──能必以明。

●才智出眾，膽剛過人；傲氣恣慢人難容──非德難化。

○非明縱橫，難懂捭闔；創業智士通謀術──術本以德。

●食以養身，德以潤心；動以護體識以博──博不必狹。

○英雄固雄，無權難風；豪傑縱豪不學梟──梟必粗莽。

●力攀絕頂，君臨天下；狂風暴雨必襲峰──峰高慮危。

○理宜明達，事須通情；人昧於法終遭殃──殃必自找。

●常親賢哲，遠離佞人；個性強硬作風朗──朗御明智。

○雄以得賢，英以明斷；事以精闢尚深度——度昧則昏。

●人各有成，但何君無；論學憑技強於人——人當自明。

○廣廈連雲，難求茅舍；富甲千萬身無價——價由智勞。

●不勞之業，如屋無基；強風相侵易成傾——傾不實根。

○翻手為雲，覆手為雨；反覆相因終成害——害何自取。

●察其所言，觀其所行；態度變異意難執——欲安宜去。

○一人之強，則強人群；一人之弱群必弱——弱以強舉。

●黃金遍地，人必去揀；身不折曲難入袋——法在人用。

○四面楚歌，八方風雲；烏江長嘆非人傑——傑不喪志。

●聖賢尚過，況於凡人；德宥人錯判存心——心非則惡。

○苦於獨鬥，乏人支援；孤軍力戰終成勢——天何負人。

●人立於群，難知己身；非有明智不見情——情非群制。

○人性保守，秉於天賦；不求進取謀自安——不策推動。

●以才自詡，君子所薄；以能自矜小人忌——非謙則敗。

○人生固美，行善最樂；百花雖艷但書香——香德潤心。

●置諸千秋，處世良言；百世不惑萬古傳——傳德益世。

○昧修其身，怎齊一家；國之不治世難平——平於方寸。

●文史互證，顯隱交融；寅恪詩文射古今——今非昔比。

○禍變於前，當機立斷；人危於事處以靜——靜處不毀。

●非用手段，不足顯智；漠視權威難立德——德權靈用。

○既上虎背，當策騎安；行仁用義慎以權——反咬必危。

●理直氣和，義正詞婉；曲人以禮聽不怨——責人則恨。

○人非不善，極邪易惡；環境習染性變異——定形難易。

●人不行險，難獲僥倖；手不握奇事難濟——不昧於勢。

○烈士易得，智士難求；運籌千里帷幄中——智計殊絕。

●自任聰明，人性之弱；懲智於人必高明——明白於心。

○不撥雲霧，難見青天；人昧奮發難光明——事在人為。

●人心向背，決於消長；形之與勢得握切——切謀機發。

○昧於量己，怎能度人；明己非易知人難——難衡客觀。

●嘉言萬條，昧於一踐；一本行素固步封——封必難藥。

○人介於中，不參左右；形格勢禁問鼎難——難用不難。

●泛愛容眾，智殊常人；機敏仁厚義薄天——天願效命。

○才用於世，始不枉才；以才自狂必絕程——治世先德。

●人固用智，但能信人；仁以愛人勇任事——嚴以律己。

○人如嗜書，得養其氣；通理必明以專成——成於識博。

●由窮變富，自賤轉貴；從微而達在人為——為智革天。

○從富變窮，由富而賤；自達趨微因其墮——顯守儉謙。

●人生無常，花開苦短；春去秋來水悠悠——悠閑養德。

○負於才華，表現以時；論必驚讚眾心服——論工服績。

●御以德服，勝以智取；臨以威權在人行——行非被動。

○關山險阻，黃沙蒼茫；策馬彎弓數雄豪——豪不難渡。

●華麗於表，醜惡於心；口蜜腹劍是設阱——阱警不陷。

○瑤琴一曲，雙聲齊奏；月夜三更啼鸞鳴——鳴於唱和。

●身伍於痞，流必趨下；行伴於德心無惡——惡不必善。

○人擁地位，身份應潔；事有權勢必德威——威不德難。

●事無怨尤，何來仇恨；行不負人居不驚——驚無不怨。

○奇謀妙算，非用治世；處於非常展其才——才學蓄用。

●黑暗於室，妻如明燈；規勸鼓舞夫奮前——前共休戚。

○人物茁壯，必經幼長；凡事之興隱於衰——衰未難革。

●意欲用才，必先結情；結必以義去其害——害無則效。

○人欲攀上，先慮其下；上亦非易下亦難——難上峰險。

●本於中庸，做人之則；言行偏激均非常——常庸無能。

○冰雪天寒，松柏蒼勁；患難當盡友誼情——情必義援。

●正面相撞，於事無補；落痕於心事不諧——非德諧容。

○事論正反，理判曲直；人以相背明心情——採正取直。

●忠之於人，事諫公私；卓識英發人不韙——相機於言。

○為人之德，公誼私情；私誼公情具週全——偏全難業。

●昧於時勢，亂闖於盲；縱負卓才難有功——功必明時。

○人敬以才，更服其智；理智應對悟性高——高必相扶。

●人際酬酢，智愚顯隱；細審其蘊勝讀書——書求惠世。

○天資聖聰，性悟於人；秉賦超群眾心服——服業因德。

●昧於言詞，難達其鵠；臨事澀談坐失機——機表話時。

○僕僕風塵，各有所期；為事求解更為利——利人不名。

●士為己死，女悅夫容；結義千秋照肝膽——膽義存久。

○箭如言語，射誰必痛；矢若無毒骨不傷——傷語毒心。

●人皆選主，主以德才；德不御眾才難展——展才於德。

○雄才縱具，昧於選賢；匹夫雖勇難致業——業成賢德。

●人溺於水，良知必顯；仁發於心不顧身——身忘危失。

○茫茫人海，難求知己；出人頭地捧上天——天下人情。

●不務其本，心發騖遠；基石不固遠何求——求本道生。

○花前酌酒，與固無涯；饞貪花酒必亡家——家美則無。

●人生觀點，難盡求同；受制宿命難抗天——天變求福。

○命由自主，福由自求；壽本人修聖我為——反天立命。

●狼不噬羊，狐昧偷雞；鼠盜非竊反常理——理明防週。

○人向於人，守口護持；心背於人事皆宣——同害相背。

●人反於性，性悖於理；理不通情難理事——德化其人。

○才無創業，當守制令；踰越規範曹隨難——其章必亂。

●有獎皆勵，無獎非懲；績因得獎人為品——品高必獎。

○軍以氣先，兵以猛主；將以謀取鬥以狠——狠不難勝。

●不辱其人，當貴以格；善待以禮徵其謀——達而宜謙。

○龍潛於海，其威難當；虎躍山林獸中王——勢行以權。

●虎落平陽，反不如犬；龍脫於水莫若蛇——權行無勢。

○長於溫室，難經風霜；非歷久戰豈英雄——雄成於難。

●一將入軍，旌旗變色；鬥志奮發趨前死——德威振動。

○兵皆可用，只問於將；將不畏死兵何言—言將成謀。

●往者逝水，勿昧於時；握機當前奮事功—力勤於學。

○事之成因，必有其果；探求其源明其癥—癥因求解。

●言犯於忌，人必加恨；行犯於沖必不祥—祥欲不犯。

○未臨蓋棺，難論成敗；顛仆昂揚志不懈—懈心則亡。

●富友窮易，貴交賤難；窮富難言相誼情—情非難情。

○年青喪身，老必早衰；保健於少晚年壯—壯必節慾。

●工商社會，人難定評；窮酸於昨今乍富—富矜必敗。

○贊成固可，反對亦佳；正反意見當顧全—全裁決主。

●胸懷奇策，心負詭謀；莫算於人防仇敵—敵非親友。

○挺身而鬥，勇非高明；智決於勝能治人—人德擒服。

●非臨大辱，無以明英；人非受危難解險—險以成業。

○重責於身，久難望功；非經堅忍難圖成——成魄力謀。

●人性愈發，獸性則滅；反道其行世必亂——亂必於危。

○君子之心，引導耳目；小人耳目導人心——心非物轉。

●非正於事，難正其物；先治於己始治人——人因己發。

○人於盛怒，定於堅忍；非於氣平必有失——失故有因。

●家敗於奢，人敗於惰；事敗於驕學敗滿——成敗於守。

○不立於功，當立於德；不立於言生必朽——朽不志為。

●剛烈粗武，非武擅專；雖明精書宜通理——理於學通。

○秉之於道，立之以德；縱因窮困志不移——移非人本。

●老而不壯，其生必苦；窮而不堅節必移——移難論德。

○家不積善，則無餘慶；積善於家必無殃——為德必善。

●傲露才華，戲污前賢；庸碌凡輩謂褻瀆——狂妄必敗。

○形貌雖美，人德無行；縱有其表心必醜——醜因自造。

●權勢尊榮，孰不心想；貧賤卑微人皆鄙——世態澆薄。

○非經折磨，難致驗豐；業成於速則易驕——驕未悟情。

●剛健武夫，受控於女；非為其美因解意——意柔剛順。

○翦跡斂形，韜光養晦；困思衡謀俟機發——安以慮患。

●人負深沉，莫當庸碌；己之不察誤人昏——相言以謹。

○非能知人，無以言智；理事不敏難果斷——斷知自明。

●事以人治，人以事發；謀以勢轉因應行——行不固執。

○不攻詩書，無以明理；人處不靜事難為——為必有得。

●欲謀於業，目光宜遠；掌握當前力充實——實敗必虛。

○人明於理，事錯則省；其昧於理反成怒——怒能改聖。

●學貴於專，德貴於施；人貴於才智貴明——明不必昏。

○罪於德人，德人不罪；罪於佞人多是非——非人難德。
●悲歡離合，無時不演；窮通壽夭日日忙——忙非雄計。
○利既於得，復責以友；異時相逢事諱言——德人不究。
●能容則業，非德難成；寬宏量大事可期——期必以德。
○非有至德，不作入幕；除非義友莫引狼——難測後果。
●拯人於危，救之於險；縱屬頑強應體情——酬報其德。
○友誼相交，貴在肝膽；道義相結德為根——患難見情。
●閒雲野鶴，心無物慾；紅塵遠隔何有牽——牽情人苦。
○藥能治病，但能傷身；百藥雖好遜運動——動在經常。
●天風海水，能移心情；梵宇僧棲變性異——異樣人生。
○應時佈施，心當歡喜；不求回報獲善果——果生因德。
●事物人爭，勿強爭取；眾人所共不獨據——據怨遭害。

○人生在世，舉心動念；行止語默神鬼察——察惡去偽。

●百武彗星，明亮白線；火樹銀花懸空中——中現丙子。

○松如燕草，滿池白雲；縱憑一釣難忘路——路來襤褸。

●熱水熱湯，潑地傷蟲；心存慈悲福壽報——報有遠近。

○人之有過，旁觀甚明；心之虛己聞當改——改不怨言。

●人具善性，耳不聞善；同荒善盡久泯沒——沒因遠善。

○心能容忍，自然免禍；性若安靜可養福——福無衝動。

●時代進步，潮流轉變；道德標準永難易——易難為人。

○江陰荻港，守將賣渡；孤城落日鬥兵稀——稀因志餒。

●皇親國戚，耀武揚威；溥儀妻弟潤麒命——命淪學徒。

○著書立說，人要負責；不該出版強問世——世人咒罵。

●不能永遠，護衛真理；沒有時間享用他——他非人專。

○善惡人念，神鬼悉知；舉心起意當慎畏—畏起善行。
●一抹輕煙，一縷餘音；一片深情空悵惘—惘心迷茫。
○宮廷貴婦，淪為街工；滿宮殘照韞潁著—著是帝妹。
●川端文豪，晚遇縫子；心影烙痕初代情—情殺不智。
○袁除異己，二次革命；八十三天皇帝夢—夢幻人生。
●怒惱色慾，飲食風寒；言語體弱調養法—法得延年。
○能與一利，莫若除害；多行善事心無惡—惡去性美。
●裝滿肚皮，不合時宜；顯露辭色莫傷人—人聽損己。
○好好想想，做了幾件；利人利世不負生—生莫虛度。
●宿世善因，眼前修積；祖宗餘慶福享受—受莫傲世。
○思想是指，理念見解；決策通變提建言—言合時代。
●一生奉獻，故宮文物；歲月悠悠七十載—載那志良。

○直奉戰爭，馮軍回兵；溥儀撵出紫禁城——城內清點。

●亂說長短，大話千秋；扯漢入唐而不駁——駁難涉世。

○人事父母，孝在生前；死曰齋醮何益生——生不忘養。

●體弱羸瘠，酒色遠離；身強恣意妄為傷——傷因不惜。

○故宮國寶，流離奔波；西移南遷東渡海——海外蓬萊。

●民十三年，溥儀出城；成立清室善後會——會改故宮。

○中華文物，精粹寶藏；燦爛輝煌紫禁城——城開民賞。

●漫長人生，時代風雨；起伏跌宕複雜變——變中禍福。

○剎那永恆，百武彗星；掠過天空地球近——近目可視。

●撿到便宜，還要賣乖；令人訝異心叵測——測功已得。

○人死不要，悲痛嚎哭；圍身歌舞昇天去——去神農架。

●貧寒家興，顛沛坎坷；孤絕自勵惟知足——足堪告慰。

○不認自己，人才之人；始為別人眼中才——才由人定。

●佛渡有緣，固因得緣；無緣慈悲亦應緣——緣生心慈。

○七千萬年，恐龍化石；皮膚粗糙像輪胎——胎模陳展。

●乾坤起源，混沌鴻濛；盤古劃開天地生——生人二三。

○鄂省西北，大巴山區；神農架得黑暗傳——傳詩八千。

●寰中天子，塞外將軍；認識自己自作主——主非人主。

○人生跑道，各有千秋；快慢路上看成敗——敗點早改。

●人生莫要，自嘆自艾；勇敢面對當前事——事壞何傷。

○一技在身，勝懷千金；學不專精難立世——世不養閒。

●怒猶烈火，利名如鋒；終朝戚戚似地獄——獄難見日。

○慚愧藥服，穿道德衣；莊嚴為表熏香心——心不為污。

●薪盡火傳，但光不絕；長留雙眼望春星——星亮照人。

○往事杳杳，猶如春夢；繁華易逝事無常──常是難常。

●黑夜漫漫，秋風颯颯；荒草蒼蒼路蕭蕭──蕭追韓信。

○有錢能供，人鬼推磨；佛見黃金把頭低──低看何事。

●為人做工，不要代價；謂是義工誰義工──工供食飲。

○世人重寶，咱貴剎靜；錢多亂心淨見真──真如之性。

●人才培養，錢時堆起；投資人才付其責──責測行錯。

○眼前名利，似同春夢；袖裏風情似少年──年老難幼。

●大周重臣，韓通名相；不恥趙逆欺弱主──主廢願死。

○痴迷執著，達觀瀟灑；紅塵人生百樣性──性各千秋。

●以物詠詩，抒情言志；形神虛實相映生──生花妙筆。

○撐生命帆，抓生命舵；波濤洶湧方向航──航去目標。

●人生階段，常有不同；前進滿意後哂笑──笑站特色。

○不學而能，性良能致；不慮而知心良知——知愛親長。

●一步腳印，一斧刻痕；接踵前賢拓前程——程遠努力。

○修戒定慧，滅貪嗔癡；遍灑法雨滿人間——間得甘霖。

●一磅勇氣，勝噸運氣；戰得理想凡將功——功因志堅。

○憂患興業，逸豫亡身；艱辛險阻激發前——前無逸情。

●不知感恩，怎能惜福；人昧惜福難快樂——樂因知德。

○品嘗生命，性靈甜美；人關懷我我護人——人光普照。

●懷念既往，埋怨現在；耽憂未來浪生命——命得奮前。

○上海人頭，蘇杭丫頭；南京石頭京磚頭——頭各有頭。

●天大地大，沒有人大；人大心大難靈大——大合性空。

○自處安然，處世藹然；得處淡然失泰然——然不為然。

●游心時在，詩書圃地；入世常參歡喜禪——禪得神安。

○人在地上，心在天上；莫過乘風無浪行——行靠彼岸。

●西安墳頭，桂林山頭；廣州車頭北拳頭——頭難同頭。

○人之所欲，固在力行；民之厭惡諫排除——除以德施。

●山澗水清，面湖望荷；鄰舟笑語鮮藕嚐——嚐品賞月。

○得不足喜，失不足悲；勝不足驕負不餒——餒心人傷。

●種花一年，看花十日；賞花誰憶播花人——人忙花間。

○興亡今古，鬱孤情懷；一放悲歌仰天吼——吼無奮起。

●百年有望，早去無期；埋名自古是奇才——才不人聞。

○千古興衰，多少往事；無盡江水滾滾流——流何悠悠。

●潛山恨水，安慶友鸞；石台慧劍文壇張——張戰聖手。

○天風浩浩，雨落無痕；萬里江山千里霧——霧裡看花。

●寸丹魂魄，消將去盡；化作寒煙總不磨——磨非精忠。

○死生家國，休要回首；淚與湘江一樣流——流向明天。

●仙家韻事，寧願能及；何處青山不染塵——塵去可佛。

○驚奇澎湃，龍騰虎躍；帝王淚痕千古情——情難述盡。

●借古諷今，針砭時弊；人物山川無不書——書暢情懷。

○身沾雨露，心雖難死；肉委泥沙骨自香——香傳千里。

●心是主人，身本是舟；舟橫浪緊使人愁——愁無忘身。

○今已登岸，將舟遺卻；明月清風任意遊——遊忘身舟。

●雨雖然過，天尚未青；山雨欲來風滿樓——樓何畏雨。

○歷劫紅塵，始終難悟；心逐白雲落天涯——涯是誰家。

●神州沉沒，難民逃港；忠貞志士調景嶺——嶺改公園。

○愛心餵養，野狗何幸；慈悲為懷是焦娘——娘收千百。

●世上寬廣，莫逾海洋；海難天空空胸懷——懷抱浩浩。

○歡樂年華，天真歲月；智障兒童夢難圓──圓誰知痛。

●炫耀誇傲，咒詛輕蔑；虛妄頹唐憤激心──心理反射。

○縱馬山河，紅袖妙戈；策仗園林孰伴隨──隨入蓮臺。

●香港九七，澳門九九；重歸國土慶無祖──祖地昔辱。

○斬斷情慾，智慧正義；七星古劍贈戴笠──笠用除魔。

●人不妒嫉，心不放逸；佈施仁生彼作佛──佛調自己。

○藉假修真，善養靈性；認假為真敗性根──根分智愚。

●光正人倫，三綱五常；養性事天行事合──合天道人。

○人道最近，知性容易；天道很遠知天難──難在不修。

●人因求道，不是為福；道在自身人具有──有得自悟。

○經常反省，身做心存；性明為何格物非──非常潔淨。

●性存天理，心存道理；身近情理明本心──心見自性。

○身心合一，心性合一；三界合一始成道——道與天合。

●天人道合，順天應人；做好人道合天道——道在人間。

○性中有天，天裏存性；天人合性符道心——心不離道。

●學道氣低，不可著相；專心致志道源來——來必心悟。

○身外事物，莫去注意；著重修身養心性——性明得道。

●頂天立地，繼往開來；其光灼灼圓陀陀——陀返還原。

○上得頂峰，躊躇滿志；下來踉蹌只回憶——憶往辛苦。

●憤怒驚駭，悲哀挫折；愛發脾氣命短壽——壽長看淡。

○心納乾坤，雄吐日月；豪情萬丈吞河山——山長命短。

●仰望穹蒼，繁星點點；襯托明月始得亮——亮在夜天。

○晝當惜陰，夜當惜燈；言當惜口事惜心——心念無惡。

●口開氣散，舌動生非；心安神定無量福——福得守分。

○筆如利刃，銳能傷人；正反成敗在一字——字用斟酌。

●忍之須臾，則全人軀；怒之當頭火去油——油止命保。

○百年榮華，雲風飄浮；轉瞬橫身野塋墓——墓為生造。

●見人不是，諸惡之根；見己不是萬善門——門前菩薩。

○與人交共，轉眼無情；捐福捐壽難得友——友念舊誼。

●心能知足，處處逍遙；人不安分時苦海——海深難測。

○暗箭傷人，鬼神不容；善語助人得天助——助因積善。

●櫛風沐雨，夙興夜寐；普施德恩眾蒼生——生不為己。

○出納不平，人鄙心恨；語言反覆無心腹——腹無機巧。

●人問人誰，英雄何在；中國人夢千秋夢——夢非今想。

○崑崙山頂，泰山雄高；長江黃河誰縱橫——橫戈仁風。

●跨上長城，腳踏天山；雲飛舞爪任憑雄——雄落平陽。

○法性如海，莫記是非；凡皆聖賢無高低——低反先佛。

●悲天憫人，開闊胸懷；喜悅心靈增福慧——慧己度人。

○心平氣和，面有和藹；辦事易成人樂近——近因抱誠。

●飲酒泥醉，白骨荒郊；喜泣悲歡看今朝——朝夕無常。

○彈劍沈吟，鐵劃銀鉤；南征北戰奔西東——東土德雄。

●江山萬里，河海遼闊；日月星輝寰宇明——明照道心。

○道德流露，最高境界；至性真情非陳腐——腐敗教條。

●許心妙言，照亮情懷；韓園方期美人臨——臨當振興。

○三界無安，猶如火宅；眾苦充滿甚怖畏——畏因同處。

●本著良知，不違天理；正道而行去做人——人守仁德。

○拾荒老人，購書贈館；嘉惠學子王貫英——英豪難為。

●偉大東方，搭座智橋；遙通西方人連心——心心相談。

○交語幾許，妙言嵌心；情照天地惜福緣——緣生在得。

●妙言少許，照徹心田；振作方寸學韓信——信為漢將。

○性從心理，心從道理；身從情理柔和守——守以人德。

●歷盡劫波，老弟猶在；相逢一笑泯恩仇——仇怨化解。

○寵辱不驚，去留無意；閒看庭前花開落——落後重生。

●愛智長橋，搭建不遠；屆時人們漫遊玩——玩戲唱舞。

○人得了道，沒有古今；時空皆去清徹明——明心見性。

●空假中觀，是為三觀；一味清靜如來藏——藏印法界。

○是人於何，為因解脫；一切虛妄心解脫——脫去束縛。

●千江有水，千江明月；萬里無雲萬里晴——晴空如鏡。

○清澈如鏡，人之塵勞；晴空掃掉陰霾霧——霧散心明。

●心之世界，無有界線；誰可限量真善美——美難筆述。

○先悟一心，建立三觀；修比三觀證一心──心神合一。

●俄盜窮寇，哀非難禦；昔曰江山竟竊佔──佔將歸復。

○軟語待眾，怨親平等；一切如風佛至上──上無仇情。

●水波似鏡，明月映現；晴空萬里陽光照──照徹人心。

○心被淨化，含藏無盡；天清氣爽無限大──大包宇宙。

●吃飯睡覺，便拉走路；人得自理難幫忙──忙得自為。

○禪是無染，一切放下；行住坐臥皆可禪──禪性圓融。

●道無物相，情難聖凡；不講親疏定真假──假借修真。

○邀月乘風，陌上飄塵；煙雨江湖虛空夜──夜色怡情。

●立馬橫槍，笑傲疆場；彎弓射曰秦淮夜──夜涼照心。

○一勾似月，二點偏頗；人畜為佛皆靠他──他心善用。

●高空萬上，窺船冒煙；英航珍妮救漁人──人感恩德。

○穿衣吃飯，情話綿綿；西來妙意祖師禪——禪在生活。

●清涼月明，常參境空；物象心淨佛影現——現出本相。

○劍霸天下，刄冷情深；比翼雙飛樓觀雪——雪中尋梅。

●翻雲覆雨，群魔亂舞；夢入京華醉忘憂——憂去病消。

○價值為先，情何言心；人生理智邁豈性——性得平衡。

●一見鍾情，今非昔用；年齡心態各不同——同看人世。

○每年五月，第二週日；安娜喪母定作節——節曰念媽。

●波瀾江湖，詭譎洶湧；英雄俠客局外人——人在雲中。

○錯綜複雜，葛藤纏繞；猜忌詭異變莫測——測難江湖。

●鼻子吸氣，口以呼氣；呼吸兩間耳莫聞——聞無禪坐。

○心許不妙，反照傷情；方寸難振豈韓園——園丁何在。

●韓心不許，妙從何起；難振八方豈照情——情得憐生。

○國軍後裔，來台就學；持泰假照遭起訴──訴人心哀。

●紅塵是非，輪不到咱；笑傲江湖任我行──行莫犯戒。

○兩眼觀鼻，鼻子注心；心門視眼循環作──作舌頂上。

●何處是家，家在何處；處處無家處處家──家隨心處。

○心不許韓，方寸難振；生花妙筆從何言──言照情懷。

●白雲青山，青山白雲；山無白雲何青山──山雲一體。

○漂泊異鄉，遺忘歸路；悟性徹明隨時回──回家無阻。

●心無惻隱，共事則難；人有悲憫可托情──情以測識。

○人生世路，今已無奈；此心到處悠悠然──然當知惕。

●天地萬物，山川寶藏；草木蟲魚鳥獸人──人族競存。

○萬壑松風，高山流水；結跏趺坐禪淨冥──冥入空靈。

●寧鳴而死，不默苟命；鼓腹高歌秋蟬叫──叫音不屈。

○當機立斷，決而能藏；高才卓識得志早——早因智蘊。

●叢山疊嶂，路徑掩映；回憶途程看自己——己是何人。

○母親節曰，兒女表態；孝心愛情康乃馨——馨顯媽媽。

●剪花池畔，撿隻昆蟲；腳爪宛然鉤曲彎——彎折生命。

○凜冽寒冬，玉樹臨風；古梅添香伴讀詩——詩情潤心。

●昔曰夢蝶，莊周懵然；昧明蝶周抑周蝶——蝶化天地。

○毛蟲蛻變，飛天蝴蝶；極端痛苦艱難程——程得忍受。

●受命於天，既壽永昌；秦刻和璧傳國璽——璽絕後唐。

○衙宅臥聽，蕭蕭人行；多是民間疾苦聲——聲傳心憫。

●網室種瓜，蜘蟲害生；以蟲剋蟲名草蛉——蛉吃芽蟲。

○中國連雲，西通波斯；鐵路搭起洲際橋——橋至倫敦。

●反照自己，妙莫能言；何苦許人不觀心——心性光明。

○錢和肥料，布施灌溉；果實豐碩花朵美——美善運用。

●情留一線，日後重見；善事多做不問程——程當光明。

○世間種種，苦樂人音；一枝一葉總關情——情心悲憐。

●農業博士，蟲堆為伍；朝夕相處月臭聞——聞鼻心樂。

○溫暖陽春，廣布德澤；塵世萬物生光輝——輝照人間。

●理論觀念，聽多何用；轉回心來看自己——己性圓陀。

○猛錘一擊，將心打碎；兩頭放下反照性——性明無礙。

●回頭轉腦，何苦想多；世上一切無一切——切空一切。

○物非我有，何苦執著；思慮過甚神分裂——裂無拋情。

●撕心裂肺，挫折之痛；紅塵無奈問題多——多當另想。

○蛇皮補肉，呲牙咧嘴；眼難閉闔五官歪——歪因潑酸。

●不立文字，言語道斷；心行處滅只這個——個無性明。

○心性空明，淨空一切；空靈淨性萬物空——空空空性。

●雨過天青，雲彩破處；諸般顏色作將來——來去何方。

○臨江不慕，飛帆氣勢；下筆猶作聚雨聲——聲為墨跡。

●生活複雜，紅塵無奈；淡泊簡單是幸福——福因單純。

○八千雲路，七十星霜；年少離鄉老難還——還鄉探親。

●遊方萬里，持缽經年；歷履紅塵閱人多——多悟心竅。

○五蘊皆空，色不異空；空不異色色即空——空色色空。

●心佛眾生，三無差別；沒驕慢心何分別——別難佛眾。

○一缽食眾，孤身遠遊；目無人相天地合——合度春秋。

●福建漳州，名勝建築；八卦樓煙蜂蜓鬥——鬥表曰侵。

○方不振韓，韓豈謂志；發奮撰新三字經——經讀立人。

●法眼所見，實相無相；無人我相壽者相——相無所相。

○脫離人間，種種妄執；遠離眾生恩怨非——非常無心。
●處處是家，條條通天；路無可迷何須問——問心向佛。
○戰前一年，八卦樓頂；青煙繚繞葫蘆冒——冒是蚊鬼。
●一切事物，皆是自家；條條大道通法華——華華難迷。
○管仲故邑，皖北穎上；相齊桓公稱霸時——時在春秋。
●萬丈紅塵，瓊樓玉宇；跨越人天塹溝難——難在不明。
○社會舞台，既然登上；拿捏分寸判斷明——明白圓融。
●出生成長，發育茁壯；老化衰弱病床死——死不明道。
○汝若返照，密在汝邊；人為說密則非密——密不遠求。
●太陽光大，父母恩大；君子量大佞氣大——大損自己。
○人可以老，趣豈能斷；體固衰殘性當明——明心無執。
●心靈門扉，塵封莫碰；傷口最痛生何悲——悲難為人。

○善惡諸事，由心自作；禍福無門人自招──招因行偏。

●屏息諸緣，勿生一念；善惡不思復本性──性明空靈。

○昂昂巍乎，巍巍昂乎；官不人敬首謙恭──恭非自卑。

●塵世萬物，由心執著；人心不死佛難成──成因無心。

○有無不二，豈可執著；來去不二皆放下──下空念佛。

●人追求佛，佛永難得；佛在無念念無得──得不自覺。

○己欲予人，自然己有；己欲為人必定多──多因無貪。

●振翼高飛，飄泊異鄉；追憶故園無限情──情因悵惘。

○為何倒楣，因太嚴肅；表情呆板人愚蠢──蠢去圓融。

●重作馮婦，譏嘲鄙薄；恭維別人自謙詞──詞用審慎。

○瞋愛心去，長伸腳臥；不存對立自安閑──閑然佛性。

●生在西方，利前人苦；人生東方淡後樂──樂心無貪。

○紅塵浮沉，悲歡離合；人生變幻眼撩亂—亂無明道。

●天之靈光，地之金光；三清道長太上老君—急降身旁。

○欲令靈君，投湘流水；逐出離騷離更騷—騷人自騷。

●忍受苦難，將得報償；工作辛勤有果實—實因時積。

○嶙峋風骨，不為勢劫；良致真理須堅持—持本心志。

●人能步步，積存陰德；福祿綿綿惠子孫—孫得昌盛。

○驪歌輕唱，淡淡離愁；青青子衿領首笑—笑向塵寰。

●龍騰虎躍，馳騁疆場；春風萬里頻回顧—顧因反省。

○錢有四腳，人只兩腿；來找您易追它難—難應反求。

●格致誠正，修齊治平；人由內在德智全—全看性得。

○地球繞著，太陽運行；妖言入監伽利略—略守真理。

●多用微笑，迎接風雨；得以希望抱陽光—光有回饋。

○老師用愛，傳遞薪火；學生本愛承續揚——揚不斷層。

●無所不在，道滿虛空；刻意追求卻難找——找佛非佛。

○天生仲尼，長夜光明；世無逸仙旦何時——時難熬亮。

●爭分奪秒，餘生事急；豈用回頭嘆逝時——時光不再。

○一粒麥穗，如不播種；永遠只是個麥穗——穗無繁殖。

●琴棋書畫，詩歌文藝；風流才情多彩姿——姿態殊異。

○名家著作，心靈桃源；滋潤肺腑常讀伴——伴隨不棄。

●一八七四，二月四日；循環月報政論始——始創王韜。

○寫愛世人，有無咱名；否請列首莫忘去——去問良心。

●好夢醒來，月色皎白；百合綻放室內美——美如彩霞。

○多做一點，少說一些；曰人言行德不語——語少做多。

●風雲塵寰，奇聞趣事；漫夜星輝知感性——性潤心靈。

○宿莽榛蕪，雜草亂石；一杯黃土人生墓——墓碑千秋。

●今生賢德，智慧利眾；廣濟人群德不彰——彰顯難張。

○凜然傲骨，不合時宜；跟著時代跑一遭——遭遇殊異。

●戲由皖出，徽班演變；京劇武生開山祖——祖俞菊生。

○昔日難征，曲海煙花；誰能話淞濱風月——月上柳梢。

●縱一剎那，歷千萬劫；讀書人明書中情——情得其性。

○溪水潺潺，滔滔不盡；整夜不停真理聲——聲皆天籟。

●劍客在此，落葉抽枝；桃花一見有何疑——疑將難得。

○殺身無益，適足增羞；忍辱苟活為伸志——志達則榮。

●度德量力，適得追求；看透想開何失落——落無感損。

○顛沛流離，處無定所；國仇身恨付詩章——章由自譜。

●不會賺錢，只會花錢；怎知錢來得何易——易難明勞。

○愛情親情，溫情心情；感情依賴苦中苦──苦因難脫。

●水鳥樹林，花草蟲魚；悉念佛法心領悟──悟智明性。

○忍一時辱，重萬世名；何苦棄身捐功名──名傳後代。

●誰識看花，皆是淚淌；雄心豈是白他人──人康有為。

○路擇真善，當予固執；不想走完莫啟程──程得慎選。

●他有需求，量力義助；命到臨終佛現前──前有仙引。

○聊齋原稿，東北發現；文革劫餘篇不全──全在有識。

●回望來路，心情無限；崎嶇路程風霜渡──渡岸捨舟。

○猴子尾巴，猶人缺點；位爬越高紅臂露──露出真相。

●苦愁蒼茫，人心盲然；凡塵世俗不關我──我當解脫。

○講時是悟，對境生迷；當前現實義理忘──忘因昧情。

●樹無枝葉，筆直高聳；雄雌區名雷公槍──槍在龍崎。

○罪從何來，多因無識；國寶萬金誰能惜——惜因知珍。

●哭笑奉陪，朝夕相伴；鳳凰花開展翅翔——翔向藍天。

○擾人塵埃，網住在心；人情世故複雜解——解開不茫。

●填補心盲，唯有力學；人脈稠密苦煩多——多去則樂。

○風雨交加，雷聲閃動；不躲樹根脫眼鏡——鏡去電斷。

●河山帶礪，躍馬橫戈；壯志孰酬成白髮——髮惜歲月。

○自古人生，誰能無死；難留丹心照汗青——青史永列。

●一字之褒，寵踰華袞；隻字之貶嚴斧鉞——鉞刀殺人。

○凌虛御風，茫茫漠漠；雲層橫掃碧波空——空中觀景。

●南北半球，寒暑顛倒；旭輝穿雲降機景——景觀奇特。

○千古浪淘，風流人物；歲月無情嘆奈何——何不修道。

●頭白可期，汗青無曰；烈士賊子各有別——別因忠奸。

○心外無佛，佛沒別心；善惡淨穢苦樂拋—拋去性空。

●榨椰菜汁，早晚一杯；煙癮胃病可斷治—治須斷吸。

○雷電閃灼，金光萬道；蜿蜒分叉猶樹枝—枝顯空象。

●交友雖易，擇善則難；肝膽相照諒容懷—懷抱仁愛。

○酸甜苦澀，果實滋味；勝敗無別在品嚐—嚐了心明。

●傷痛極處，悲壯高歌；英雄難灑兒女淚—淚吞苦心。

○富甲人世，難謂豪傑；貧無寸地尚稱雄—雄不殘仁。

●書藏滿室，縱貧心樂；禿筆一枝老猶喜—喜以德發。

○與時拼鬥，難有贏家；同天爭雄必定輸—輸未為神。

●古人今人，恒河沙數；生死無常猶流水—水逝留痕。

○天上明月，照亮古今；今人何曾見古人—人看月異。

●西落斜月，東露曙光；一日奮戰看今朝—朝向人生。

○昊天大地，萬物逆旅；宇宙時空人過客——客居無常。

●想老不老，人老則老；老當益壯何老老——老不賣老。

○懷著夢想，怎慮髮霜；心猶嬰兒老何來——來當心愉。

●甜睡三更，功名利幻；想到百年皆古人——人當淡泊。

○功修清寂，歷久滋濃；榮華熱鬧過後涼——涼味淡長。

●人愛於寂，見幽通玄；心趨於榮歌忘疲——疲過壽短。

○人得益友，如對明月；讀有奇書勝看花——花美悅心。

●評昔聊天，眺望山雲；談古論今心曠然——然當美世。

○您聊我聊，無聊則聊；有聊總比無聊好——好聊無聊。

●來台筆誤，誤方為芳；認祖歸宗韓振方——方今名正。

○賢明良知，愚知良知；心昧良知難賢愚——愚本良知。

●沙場醉臥，執戈為枕；萬里征戰嘆衣寒——寒霜傲雄。

○遍翻史乘，有數人物；留下點滴供人研——研其德言。

●你是菩薩，我是凡夫；人皆菩薩無凡夫——夫何為凡。

○聖賢俠士，英雄豪傑；岸語不溺溺難起——起靠仁勇。

●海闊魚躍，天空鳥飛；宇宙人生路萬千——千紅萬紫。

○學問有無，非關識見；處世涵養看器度——理事以法。

●展志海外，葉落歸根；根生當地落思發——發於政經。

○虎縱兇猛，君子不畏；讒人之口人必怕——怕因流言。

●將勇無謀，恃氣逞功；統帥失和悍驕兵——難期於勝。

○思慮敏銳，發言明朗；態度莊重語恢諧——理事明果。

●心機靈巧，應能守拙；鋒芒太露遭人忌——獃人傻福。

○物非所有，妄取則害；事不能管涉無益——立身宜明。

●三虎併傲，聯弱未強；兩霸爭雄智忍勝——和平難共。

○物雖無情，人卻有義；是非於心真理明——不昧則得。

●明槍易躲，暗劍難防；陽謀陰計實難測——非明必中。

○事潛悲喜，跡必顯露；暗察色言見機徵——徵明心服。

●胸懷經綸，策對時勢；風霜憂患必體情——英雄相惜。

○閉目沉思，潛心定氣；意煩性燥必得安——亂收靈發。

●情投意洽，事必得諧；南轅北轍難相言——言不動利。

○達不足貴，微何足憂；志移氣短人生悲——奮勵則發。

●友交不諧，棄寧勿慢；人性健忘怒易心——有恕無恨。

○盡忠益時，雖恨必賞；犯法怠慢親必罰——不罰難公。

●服罪輸情，雖重必釋；游辭巧飾輕必戳——不戳難正。

○善徵當賞，惡纖亦罰；遮事精練物本理——理政法訣。

●剛而自矜，終必僨事；暴而無息難全身——捐矜棄暴。

○陽關古道，英雄嚮往；塞外寒沙牧馬場──胡兒遠揚。

●祖塋雖遠，子孫當祭；裔傳萬代不忘本──尋根思親。

○生逢亂世，甭嘆時非；命本不籌奈何愁──造時逞勢。

●鍾鼎山林，人各懷志；獨木邊橋陽關道──事難相強。

○人未先制，收心為上；地當未復謀得民──能謀必制。

●富固多金，起不由德；窮雖無有惟寢安──能安則得。

○富必奢情，子多不肖；窮卻奮發藏賢孫──能賢必發。

●人性無私，私必私言；言發心爽神乃安──因安故發。

○俗人讀書，一句一解；神童心誦目飛花──心慧神明。

●相貌傲然，形似君子；機心叵測言行非──貌論難評。

○幸福痛苦，界難劃清；觀點各異看人生──識解於心。

●管教子女，促學知禮；慎守門庭內外明──不明必混。

○能屈能伸，堪稱丈夫；祇伸不屈豈謂人——适境則生。

●事違良心，行臥難安；光明正大人必敬——行不負心。

○生而為人，人各有志；志由人立力求進——無志難人。

●人生試場，試場人生；從吏競學試不停——無試難競。

○開放社會，自由競爭；非本命運憑才能——無能難財。

●書常飄香，智憲必增；字不留痕皆庸盲——文載化育。

○輕信誣言，難免非譖；驚於暴怒正中懷——當忍三思。

●身懷絕技，當忍於氣；動手傷人德有損——功寓教化。

○德於小人，不罪君子；親於善人遠惡徒——徒別邪正。

●奢淫驕怠，兜牆侮慢；用度不積家難興——興必量衡。

○身是菩提，如心明鏡；不勤拂拭必埃染——有埃難明。

●學貴卓見，事貴節理；技貴專精法貴明——無識難明。

○欺哄詐騙，勒搶盜竊；扒撿遺贏獎賺勞——錢貴勞得。

●錢猶毒蛇，財如陷阱；擁有善用不當奴——禍福善惡。

○惠施於民，博濟於眾；愛發於心仁必行——無仁難憫。

●分必有合，合必有分；人情世局難逆料——本於情勢。

○馬行千里，無騎難往；志能沖天得運時——時機必握。

●以術成事，術不厭卑；術潤於藝易立功——因藝容賤。

○相信人人，人人難信；用人不疑疑亦用——無疑必變。

●仁至義盡，得人之要；竭智盡忠做事本——本於一誠。

○人心難測，善惡殊異；情貌不一各本性——性難求同。

●溫良為盜，外恭內欺；表勇忍怯難測知——欲知則測。

○利害抵觸，必使手段；禍福關頭良知喪——不喪於德。

●情勢不明，無以斷處；身臨危境應果決——不決必誤。

○智潤德發，德潤心慈；心潤仁顯則恕人——不恕必殘。

●天界無門，借山為關；地上誰將海比節——有節必雄。

○一股牛氣，直沖雲霄；半點傲骨貫古今——雖豪不妄。

●禮先於人，其人多敬；無禮於人人必嫌——嫌必人鄙。

○人受教育，德操思想；學於科技展長才——忠愛邦家。

●超然立場，客觀意見；理事井然處果斷——諮詢異議。

○剛愎慳吝，獨裁暴橫；孤傲自雄坐井觀——事功難言。

●事務成敗，統御攸關；重大決策當諮眾——責有分負。

○別人教訓，引為惕戒；常笑人蠢己莫愚——不愚必智。

●事關存正，當有警惕；沉於逸樂絕無業——業發於警。

○以德為本，以財為末；捨財培德可超生——消冤了願。

●知窮必奮，明苦則勤；能節必儉當富有——子孫應守。

○富生驕慢，必習豪奢；淫暴福變仍復窮——富難三代。

●耕讀傳家，勤儉興家；忍讓安家防盜奸——淫暴亡家。

○體置室外，天不能疾；心隨境安何人困——無困豈愁。

●善造人才，天不能孤；承先啟後人豈絕——不絕必續。

○惡人固惡，不惡急去；善人固善豈急合——因應得當。

●禍福利害，存亡興衰；得失相因倚伏生——天理循環。

○心起為善，善發神佑；念發作惡兇煞隨——果必當臨。

●君子意念，道德為先；小人眼中惟錢勢——利發德隨。

○成功道上，忠奸難辨；失敗境地顯氣節——抱仁守義。

●痛定思痛，當謀奮起；懸崖勒馬悟前非——忘痛難人。

○峰迴路轉，險化為夷；驚駭呼嘆慶人生——珍惜歷程。

●美麗謊言，固令激賞；弄巧成拙反遭殃——偶用可功。

○暗室虧心，背地失德；良知發現當悔悟——速悔則人。

●讀書目的，做人做事；做事求善做人美——美必無醜。

○尺有所長，寸有所短；人生智愚賢不肖——短不掩長。

●忠無二念，義所當為；智能及謀事必諧——不諧難成。

○欲動於心，易表於外；形跡顯露常落敗——非沉難靜。

●雖有智慧，不如乘勢；縱無雄才舍我誰——握機則發。

○保持緘默，固非善策；能識時務稱俊傑——禍福攸關。

●癬疥雖微，易於擴散；毒疔固小發必濃——不除必患。

○痛悟前非，尚能診治；痲木不仁難處方——對症把脈。

●魁偉高大，不虛其表；短小精悍學滿腹——真材實料。

○暗箭射人，事不能防；借刀殺人豈費力——君子不為。

●立名千古，英雄功業；八方叢謗風雨多——凜然正氣。

○直接溝通，勝於媒介；保持客觀用調人——斟酌情勢。

●抱膝談心，暢論天下；條理明晰具卓見——有識相傾。

○人生功過，定於棺蓋；事業歷程崎路多——多必克服。

●辦法至上，方式第一；計劃週詳功必前——巧拙運作。

○相輔易功，相傾必敗；事以能成必佐協——協必能事。

●生離死別，人情易顯；喜怒哀樂明德性——不明難情。

○富能有德，千家必敬；人正握權萬眾尊——弄權必鄙。

●東南西北，位正則止；春憂秋冬轉不窮——人轉有限。

○策略於明，未必稱善；計謀於陰常得逞——明察客觀。

●施利於人，實益於己；明謀易取暗收惠——審度情勢。

○同病相憐，苦必知痛；惺惺相惜倍關以——不惜何憐。

●學養深厚，逾益虛懷；輕浮驕縱必妄態——判於言行。

○英雄勳業，聊言功利；是非真假豈不明——能明則偉。
●量才任使，心如明鏡；同心協力無珍域——御僚同契。
○心之所患，因患有身；人若無身患何起——患由心生。
●察明於眼，暗算於心；口雖不言心必明——不明無心。
○蝸牛角上，爭雄不武；井底之蛙豈識天——放開眼界。
●家有賢妻，夫不遭禍；友交損益定人品——廣交慎擇。
○秦失其鹿，英雄角逐；狗屠皂隸可逞豪——異能必顯。
●家固可親，國應護愛；民族存亡應奮起——恥不為奸。
○外敵易摧，內奸難除；力量雖強怕腐蝕——先清再摧。
●暴政雖暴，難抗民主；嚮往自由人同心——暴難制心。
○美麗江山，巍巍中華；欲雄歐西必滅共——同登幸福。
●心靈純潔，勝表美麗；思念污濁萬惡源——不污必潔。

○仁愛似火，易溶冷酷；雄滿笑容消陰沉——能化以慈。

●仁心悲憫，慈愛笑語；可陰除霾變晴朗——化溶戾氣。

○人不妄求，其心則平；事不妄作則身安——不妄則得。

●人不自重，必取其辱；事不自畏易遭禍——律己惕勵。

○白雲盪漾，青天蔚藍；遨嘯山林溪海邊——淨濾塵俗。

●棄與被棄，何必傷情；酒色財氣怎當真——心曠則明。

○世局穩定，政體開明；資歷關係進身階——販夫難雄。

●一時行誤，終身遺憾；人生在世孰難無——雄主可免。

○情緒安定，不想非非；思慮精純學業進——進必智明。

●遭惡人咬，掬海難洗；受辱不辯認晦氣——無困求因。

○能忍一時，保榮一世；孤注拼命毀今生——不忍心毀。

●金錢固多，慾海難填；填本天理守良心——心喪不德。

○訓之以理，導之以正；明之以事處以情──不情難義。

●過於君子，德容以解；罪於小人易積怨──不罪難怨。

○紅花綠葉，相得益彰；長短相輔事功倍──剛愎難成。

●慷慨於口，必吝於行；靈浮驕妄率多言──舌種禍福。

○擅長言詞，固人辯才；鍼口不語難言智──駁理於時。

●時機於人，如鳥在手；不使遠颺必抓緊──疏忽必飛。

○語有深淺，事分輕重；人論高低才言別──別有大小。

●人忍固貴，得和更高；和能致祥化戾氣──忍寓於戒。

○人如無恥，猶病閉嘴；縱投金丹難入腹──病入盲膏。

●霸道威脅，臨危鎮靜；橫逆加身豈膽怯──不怯及謀。

○屈辱齊加，羞憤集身；無顧兼迫恥難洗──逆境求脫。

●人非聖賢，難保無過；過能遷善賽完人──能遷必完。

○道通天地，德冠古今；仁心為懷義做人——人必遵守。

●追腥逐臭，縱情逸樂；正業荒蕪日橫行——懸崖勒馬。

○苗怕胎旱，人怕老窮；事怕弄僵心怕亂——女怕珠黃。

●因有我念，便起他念；我他對立私心生——抱樸卻魔。

○愛美之心，人必具有；無惡之念罪難萌——不萌必美。

●戒除邪念，不生私慾；本素守樸以去邪——無邪必善。

○人與天合，非誠莫為；八德能通宇宙機——誠感天心。

●良師興邦，作育英才；猛將衛國守疆場——疆固卻敵。

○家庭與人，產生品質；國家強弱看社會——體制結構。

●世海茫茫，方向易失；立身行事須掌舵——志變則移。

○質佳固美，量多可汰；量眾無質成烏合——質量并舉。

●毒草固毒，不毒於疾；流氓縱痞質非劣——善用可材。

○退隱林園，人潮易忘；心意空靈理性通——山野淨身。

●因窮敗節，君子難德；蘭生幽林常自芳——德非因窮。

○投機取巧，難稱踏實；步步穩健不落空——巧得一時。

●志展於事，不志在雄；雄能狂志易妄為——事美則雄。

○私人生活，各有明暗；炫於善揚隱惡陰——訐陰必仇。

●助施望報，難稱恩德；處世受惠當耿懷——無德不我。

○琴棋書畫，養性當習；空空歲月易打發——藝高人強。

●堅木易折，柔條難斷；人弱勝強當本智——柔可濟剛。

○禍起私慾，惡集非是；哀由心死災德變——騙自欺來。

●矛盾否定，否定矛盾；質變於量量變質——防於突變。

○搭乘巴士，路線不同；各赴前程奔西東——人本於志。

●非具特藝，難鳴驚人；身無羽翼怎沖天——忘高必跌。

○學無進步，猶船逆航；美不求精難言藝──業發於專。

●橫逆突降，勿反逞氣；暴虎憑河智不取──弱道自持。

○物極必變，事多生厭；陰陽盈虛知始終──戒於極端。

●聖智之言，貴不違時；交友之道諱言詐──詐無知友。

○智用於眾，不知則貴；惠施於人則眾感──能感則發。

●陰陽互轉，愛恨交併；月不常圓花難久──持盈保泰。

○偷盜詐騙，非人應為；掠奪燒殺土匪行──人法難容。

●輕看別人，易如反掌；小視自己登天難──謙遜則美。

○力量產生，靠於自己；依賴別人終被棄──自立則強。

●理論導引，觀念正誤；成敗決判看親疏──親以導正。

○正反兼顧，智慧完整；明白相對得聰敏──無往不復。

●人知其榮，當守以辱；將欲削奪先給與──用道以反。

○覆貴為賤，反賤為貴；天地反覆成敗理——因應奠基。

●恩生害源，害生恩應；生死恩害相反成——以反則用。

○淤泥雖污，但生蓮花；人生歷煉得智寶——欲珠必海。

●不種於因，難發於果；人生因果相應長——因於人事。

○男女婚配，男必責重；女盡義務享人生——美化藝術。

●戲法人變，各有巧妙；聖豪敗卒皆人為——舞台人生。

○人染重疾，得用猛藥；身受狠擊心易醒——不醒必頑。

●身陷泥淖，無以自拔；欲脫困境須卓絕——謀斷則聖。

○樂善行善，紓解苦愁；滋事肇惡心難靜——惡必刑役。

●靈台不污，心無莠草；格慾去妄以從聖——光照環宇。

○以近知遠，由一知萬；以微知著舉反擊——昧知難反。

●種情千萬，不栽糾葛；花開滿山毒免摘——毒刺心傷。

○事不和諧，難於進言；話能投契通人天——公情私誼。

●地球圓形，東西可及；世事如球進退達——善用事機。

○西洋拳擊，角逐於力；拳用太極柔敗人——假力取勝。

●天堂地獄，非神所建；人行善惡築在心——善必天堂。

○虛己立心，體察人意；降己之念發人心——攻心妙用。

●用謀於朝，兵勝郊野；詐於市井內外應——夾心易勝。

○才智出眾，碩學宏識；廉謹厚重博以約——戒袪囂張。

●虎狼豺豹，尚知護群；人類族聚怎相殘——不言敵戰。

○惠風和雨，廣佈人寰；仗義行仁益世間——能惠則雄。

●人如強橫，必行霸道；窮凶極惡罪滿身——棄刀成佛。

○義發民族，氣貫天地；慷慨成仁簿雲天——義別忠奸。

●心如不死，良知必現；人性泯滅惡必發——性發天良。

○志大才高，勁氣內斂；識宏剛毅堪大任——非勇難任。

●晴天霹靂，禍變無常；進出人間災難卜——處變不變。

○權勢名利，孰能久握；富貴榮華視浮雲——性本淡泊。

●氣強性剛，遇柔則順；失和於甲必就乙——不就必孤。

○弱得人助，強易受攻；柔以德顯剛以賊——剛施弱用。

●雖具智慧，難能同謀；人固愚蠢但得力——以愚用智。

○無因求去，尚究其情；有意而來先明因——默察必聽。

●山險水阻，荊棘榛莽；世路坎坷難求坦——畏途非雄。

○軍容壯盛，志堅同心；虎躍龍吟爭抗秦——策馬中原。

●中華兒女，龍裔傳人；巍巍江河源流長——薪火繼承。

○個性孤傲，離群索居；看法怪異憤世激——難求人諒。

●朗朗乾坤，大好時光；美麗世界任遨遊——忘形則非。

○中華民國，先烈締造；龍的播種薪火傳——先賢功高。

●盲目奮進，未必得益；以退而讓反有成——相因相長。

○聲色豐滿，無益人生；安份知足恬靜樂——結廬山林。

●話雖有窮，情實無盡；事因終了意難忘——銘心則濃。

○站山望峰，總感其高；行達其頂反覺矮——懨位難安。

●心態微妙，常生反覆；愛恨不一可情仇——人性難測。

○位就不安，去而反求；潦倒人生豈命簿——安位不簿。

●好馬不食，回頭棄草；丈夫豈飲盜泉水——志不折屈。

○貪婪於心，剛柔易變；化公於私人智昧——麻難磊落。

●野草雖賤，但能肥馬；橫財縱鄙有人貪——喪德莫為。

○利到當頭，多難顧義；害於降臨多趨避——避必遠害。

●銅板一枚，非敲不響；鍾無人撞絕難鳴——鳴得人撞。

○智高一籌，時不人測；事願已成醒後遲——遲難償願。

●愚賢當齊，非賢必肖；人處於世別善惡——非辯難人。

○智以愚守，技以靈求；強示以弱勇示怯——藏拙必美。

●傲念一生，其志必驕；貪慾一起心必私——成業必戒。

○福地洞天，任子遨遊；世上有獄君莫鑽——法非我施。

●暴跳如雷，人尚無感；悄聲細雨動心絃——絃音勝雷。

○言正立信，言偽難辨；為謀其位不惜讒——不察必偏。

●非立於斷，難御其眾；昧用於僚無智囊——睿智明裁。

○諷言喪氣，謠言惑眾；洶洶於言人難安——勢發敵敗。

●人志不立，猶舟無舵；航向不定難泊岸——終乏所成。

○志所當行，不因人止；一本初衷拼力為——為必有成。

●學勝於我，虛心請益；技強於我當受教——智不弱人。

○權高於我，當敬其勢；境不如我尊其位——人德不鄙。

●人知其善，豈謂真善；惡畏人知乃大惡——彰惡非德。

○嗜酒好色，其心難清；廣歛於財人必貪——貪必敗事。

●心存善惡，可聖於賢；不明於恥類禽獸——善惡一髮。

○箭發落點，不明所終；相向再射知其著——失或獲得。

●衣冠堂堂，立於神前；引證經典肅嚴莊——莊無詐偽。

○憂心忡忡，畏於一失；終日怛怛心難安——德不患失。

●道貌岸然，心內實怯；雖居高位慮於權——佈德施仁。

○處境越險，成果愈豐；非入危道難奇勝——勝必冒險。

●人謙於和，心必易靈；胸無器識難遠謀——致業於學。

○不用內奸，無以明底；昧於細言難知蘊——防偽杜誣。

●人正雖莊，但防離間；居中挑言兩難明——察佞制偽。

○勢權之間，和忍為先；設非明達必受撥——當體大局。

●百戰疆場，有功社稷；不明於政難治國——國非武富。

○因循怠忽，敷衍塞責；業無績效必敗滅——勵志圖強。

●本於天理，順乎人情；良心為秤意為正——正己正人。

○人不敗我，必有其優；我不勝人當築困——知弱則強。

●巧難制拙，虛難破實；變化運用隨境移——因時制宜。

○威不苟言，權不亂用；思不隨佈行之比——發必以德。

●世無公道，遍佈陷阱；事物之間難留情——立本於德。

○不變無常，處本以正；人無其正難處變——靜以應變。

●世謂好人，仍偶犯失；無心之惡不為錯——不錯難德。

○正襟危坐，如同羔像；氣爆如雷疸疾生——沖和則德。

●飽脹必疾，過饑則傷；飲食正常生活安——安必延年。

○猜忌成性，喜於諂諛；自認強明屈忠言——御必傾斜。

●勢窮無援，以忠義感；力竭之助當用德——不為資屈。

○貧非可恥，富豈可驕；貴若無格人必鄙——人以格貴。

●科技飛躍，資訊應時；手腦難操電腦興——興決於人。

○人立於世，得志惠民；失意隱讀書立言——言必傳世。

●喜不忘形，怒不狂肆；得失意境當反省——自反則進。

○心不悲觀，人難消極；志不墮落必奮發——心死則哀。

●事於敷衍，不言實際；縱負奇才亦難成——才以行配。

○私念一起，敗德喪身；公行於國則事興——發之以慎。

●德貴自覺，善貴及人；先明以德始致善——惠及於人。

○人謂成熟，心態平衡；事理明達通情人——情通事練。

●其德雖正，難免人譏；況於幾人豈無言——言正之人。

○財得非正，用之必妄；以力致取歲月長——長必心安。

●債非風流，盡皆可放；情不亂投少煩惱——多植仁債。

○手固萬能，不揀無義；人德無形但力宏——宏仁無敵。

●馬不開張，空負偉岸；龍中無逸何論奇——人奇載天。

○生於雄壯，固是造化；昧究於學枉為人——人專於材。

●人悲勸易，承受則難；災禍降身較人苦——勿患於人。

○非經滄桑，難明苦樂；生死關頭始知險——成於危難。

●握卷從容，疆場縱橫；潛沉戰陣金戈鳴——鐵馬載仁。

○人非有技，不能稱師；不學於專難教人——承傳薪火。

●技有一長，闖蕩江湖；四海為家樂人生——技本以德。

○權勢旁落，舉世無親；窮漢得運仇敵迎——炎涼世情。

●友簿於義，誼情易失；友得於禮人情濃——禮結情長。

○人先治身，始能治事；身不能治妄言事──業本身強。

●契不投情，難與交言；事為所求得降尊──降格則鄙。

○非重受擊，難知其痛；不經屈辱怎明傷──傷痕知惕。

●同道於志，暗斗於權；非至於死不化陽──團隊為重。

○失於保健，斷無斗志；縱優於學紙上兵──不踐難成。

●非因其矛，無以制盾；不因其盾焉制矛──無因難對。

○看在眼裡，忌在心內；表雖不言心則怨──怨溶以德。

●得過且過，悠遊歲月；飽食終日心無用──當習一得。

○因應需要，因時制宜；衡勢於人通權變──以權制事。

●相集一起，各逞以勢；因人制言統其意──制意以權。

○智發於心，心謀於事；事源於言力於成──成於心堅。

●家醜不揚，人醜不宣；陰私不揭做人德──德發於口。

○以恨揭醜，非人之德；因氣結怨必無量──器度於宏。

●鼓張肚皮，容盡愁恨；放開眼孔識因果──果必甜美。

○攻必以狠，追必以速；退必以穩守必固──陣腳不亂。

●位偏則斜，行激必傾；守於中庸立身本──大德至中。

○狡兔未死，狗狐何悲；禽鳥不盡弓難藏──物當用時。

●猛虎雖毒，尚不食子；親如父兄怎害人──毒不加親。

○人如自強，天必與助；自毀長城人難與──與先於己。

●其道不同，難相與謀；人本於志難免強──同德相輔。

○生於天地，心行不負；人若負我本以恕──恕本以諒。

●暗語盾疑，複言已知；另調新義再求明──反覆證實。

○諸聖先賢，民族英烈；典範行誼美德風──國脈不斷。

●人本於家，家本於族；族以立國五族和──榮辱與共。

○人心詭狡，陰詐惡險；行本以德可化友——友本以義。

●有德於時，美聲於世；登高呼嘯萬谷應——御方乘風。

○御眾英明，其人必雄；眾相和諧事必功——無堅不摧。

●人相攜貳，其體不固；非置陰剋事難成——德容於仁。

○頭腦清明，評斷正確；處事果決重立踐——猶疑必敗。

●智發於眾，重於動力；勞而傷智非御門——謀以制人。

○非台而謁，必有事因；靜聽所陳嘉以誠——立斷以處。

●因事以召，弄故約談；召以必至詢卓見——明暗審績。

○既入其局，慎防於振；舉手投足免失誤——掌握全局。

●附麗而生，羽翼易豐；子體雖弱毋忘根——根榮必發。

○生於中國，得明文化；傳統美德遵守應——守必禮義。

●誣陷於人，有負於心；昧於良知難對人——積陰廣德。

○自謂德高，其德則鄙；為德不言自然高——尊德則德。

●聚士以議，各逞其謀；取善捨非明斷決——不污其非。

○誤落深谷，勿自怨嘆；攀石挽枝撥雲天——心餒則傷。

●聖賢英豪，多出貧困；事業成敗志奮發——富易墮敗。

○德以海威，其威則發；無德以御心難欽——統士御心。

●謀事在人，成事由己；人捨依賴憑才能——成之於眾。

○簡拔人才，以德為先；德以忠貞必能幹——無德枉才。

●譁眾取寵，妄言異辭；愚弄於人非類物——圖謀必剛。

○陰播耳謀，搖動眾心；推波助浪幕後人——其心必惡。

●重要關頭，輕心則失；掌握環節運樞紐——雖微必徵。

○言論迂腐，自以為是；標新立異認時塵——非宜於時。

●智者之言，因言以言；愚者之言故弄言——智非於愚。

○眾人之食，則宜食之；個人獨享非御德——德於共甘。

●教之於眾，與上同德；不親於眾難共危——危安同德。

○非廣見聞，難進於識；不明於理難御心——心通於情。

●關心所御，眾感其德；獨惠於己眾難同——不同則離。

○外雖相附，內實相猜；動以利間形瓦解——統之於勢。

●落魄一時，絕勿氣餒；奮志圖強另謀展——重創新機。

○曙光之前，必有黑暗；突破困厄必光明——明以人破。

●御之於卒，不言理由；置之於死為國生——令養平時。

○卒業於校，學於另始；人於世程無終點——止於無氣。

●弓若無鳥，豈稱於武；網如無魚難為雄——無時則廢。

○負薪救火，徒增其勢；火中取栗枉費力——力當明理。

●香燒平時，事急必濟；臨危抱佛難企求——求於人助。

○御得人緣，將得兵眾；非假以權當用力——先力結心。

●統人之訣，先通其心；御眾之竅多線行——陰制其謀。

○戰爭非仁，政爭難義；人爭無情斗不理——理不以理。

●偶一得意，志滿忘形；稍不稱心便喪餒——難託於事。

○癥結之來，深入瞭解；前因後果當究明——明以因應。

●惡中言善，無異取污；善中揀惡易反掌——正言以立。

○縱慾無度，則亡其身；渴不擇飲酖難解——解先慎飲。

●人惡彰昭，卻能騰達；一生行善業無功——非計於前。

○十惡難赦，法外消遙；不慎失足案難逃——罪難慕惡。

●震於外表，愚人被弄；攝於神威智無言——言必無措。

○德人易處，佞人難纏；明情達理君子風——小人則反。

●言中無物，腹必無墨；行人有禮人眾敬——為必以德。

○仁者抱德，非仁懷惡；德張制惡必君子——惡張必佞。

●難解之癥，以口辯釋；理通意明達人情——才以口功。

○店名無記，專售魚餌；魚兒上口釣難脫——世無文王。

●權不言權，勢必強人；財非論財資必多——不示則強。

○伍跟於邪，心必受染；身愛於滛體必衰——衰難命長。

●聰明自負，易生狂妄；疏於事故愚難計——計宏先微。

○有意於得，無心於失；縱馬山川陰溝船——疏微必敗。

●昧聞大論，智必難宏；不聽至言心難固——事經如竅。

○一字之褒，榮於華袞；隻字之貶嚴斧鉞——史筆千秋。

●既視以仇，難獲同情；面對於敵當自警——不警必敗。

○偽裝以善，資博同悲；心懷預謀難預測——妄詐非德。

●排除恐恇，泰然自若；正視現實力進取——取必以德。

○求取己安，送人於墓；為謀以財計危人——悖仁難義。

●食遇於飽，則傷於胃；言遇於滿必難收——事不宜絕。

○人靠祖蔭，志難於立；事經折磨始知難——非難難雄。

●人若有威，揮軍之令；一言江山孰敢違——令發本情。

○同情於弱，人之天性；人強於人嫉如生——生本德競。

●人之本性，具有反抗；自謂雄略非強人——人強以德。

○權位之得，力必假人；勢能擁有靠眾協——協非德簿。

●人獵名利，猶蟻趨腐；事涉權勢眾必附——附必釣心。

○人於台前，門庭難歇；權削勢崩眾必棄——棄不必忠。

●人之思想，必須遠大；影響於人眾合從——從必拯世。

○珍饈美食，固充於肚；頭腦饑餓心竅塞——塞如行屍。

●真話小惠，博取信賴；重要關頭角入阱——明智於判。

○藉端性發，以言相費；非以孔武智應對──防變護身。

●超人德才，智謀稱世；英雄時勢唯根起──無根難豪。

○突發事端，難於預測；人具沉智應變易──謀於平時。

●樹立形象，唯須才智；德澤廣被御風起──起必立業。

○雖有私誼，難掩公情；行違眾意得捐私──德不張私。

●論交層次，各有千秋；三教九流將相門──心別其異。

○從事於公，當本以僕；服務於眾守於職──握權以德。

●擁眾則雄，無眾則狗；敗必如鴨任人宰──逭因必俎。

○兩權之間，處境必危；各因其權難致好──背一則亡。

●猛虎雖猛，惜只一獸；群狐雖弱但成群──智勝於強。

○兄弟兜牆，同室搡戈；變生於內先自反──自亂必滅。

●長於困苦，人必上進；成於危難志堅必──堅必易業。

○所御之內，人如攜貳；假借人意謠其言——意明之處。

●人忘鄉梓，縱高亦低；不顧舊誼何言情——歸根難落。

○人平則謙，心平必和；氣平則順順必鴨——氣逆必阻。

●錢借則易，索債則難；既非欲償勿再討——不討人感。

○閒極無聊，言態易躁；人讀詩書必潤德——性亂必暴。

●人具機心，心當巧用；使必以德本於情——情悖不理。

○終日相處，得以睦和；言行不檢人必鄙——鄙多怨生。

●與德人處，縱怨亦德；和無德往德亦怨——處惡以敬。

○中非騎強，庸非無能；本於恕道以做人——人不偏激。

●潔淨空氣，吸入腹內；蓄久不發運全身——吐盡污濁。

○五臟廟內，蓄疾泉源；廟無濁氣病不生——生必因污。

●事因不諧，負氣以去；境過時遷宜溶消——德容不計。

○剛正沖和，週旋折衝；人無戾氣必祥和——和必德沖。

●中領前後，不言東西；統一團結力無限——消除煞氣。

○倡言左右，必有用心；強調新舊意難測——剷去惡念。

●相處一起，忍讓為先；倔強於人終落敗——待人以禮。

○力分為之，其力必弱；以甲制乙力自消——不假外攻。

●人若落魄，性必自卑；相處同情尊其人——勿以鄙人。

○性有不同，難於交言；工作各異語難投——投必男契。

●語從心發，人心必感；話自口出心難應——誠靈立辨。

○生活行為，應自檢束；行態浪漫人難容——不容必仇。

●容人之量，具容之德；無容之心難有德——德以化人。

○言責其面，非器難容；昧察德量慎言出——衡以度人。

●縱馬山澗，策馬沙漠；躍馬平野任遨遊——豪俠風範。

○物固相剋，人亦剋人；人剋其人其人閑——閑必難發。

●人固雄略，須以智配；智為人謀當明斷——慮事以精。

○明人之長，知其所短；掩己之短張以長——先擊以心。

●人反於主，其德難立；非忠於國難御眾——犯上則逆。

○樹大遭風，名大遭忌；人大遭鄙利大求——求必以德。

●文以行立，行以文傳；秉筆書史益信人——杜撰則非。

○老兵不死，只有凋謝；沙場歸來志不餒——雄心永存。

●骨肉罹難，橫禍無常；節哀應變忌過悲——傷神必毀。

○親友災變，視同身受；發揮互助仗義為——袖乎人憎。

●人類生存，原本互助；富以濟貧強扶弱——互傾必頹。

○人如犯我，我必犯人；我不犯人誰敢犯——明示非弱。

●兵無常勢，永無常形；強將之下無弱兵——兵隨將轉。

○風平浪靜，投石則波；深山虎嘯音必長——相擊則昂。

●戰無正法，致敵用詐；握勢機先必得勝——不勝必敗。

○兵卒過河，將死老帥；大將臨陣未必勝——鴨非牛刀。

●血海深仇，終得一解；循環相報絕非策——策於恕解。

○業建於基，事起於微；人發於時成於因——無因難果。

●桂子飄香，秋月懸空；閒話興亡論忠奸——酌酒談心。

○怨天尤人，賊身無益；自求多福志在堅——逆來順受。

●知惡不除，其惡必累；善小弗為罪則多——多難淨心。

○賢愚美醜，邪正忠奸；社會形色雜處中——辨明則聰。

●戰法塑態，不外五種；攻防進退遭遇戰——變化無窮。

○放眼四海，天下洶洶；俯仰逆順先明擇——求安非策。

●兵隨將轉，將隨兵移；將兵容易將將難——心將必得。

○嫉惡如仇，愛才若命；殺人如麻金似土——草莽行為。

●富養千口，猶感不足；窮育一身尚嫌多——社會形態。

○社會紅爐，人色雜處；假名虛銜招搖騙——智不受愚。

●耕耘勤奮，收穫必豐；撥種於土自結果——花開於緣。

○種因得果，自然規律；機緣天成絕巧合——人生造化。

●吝惜衣食，非財緣福；競求名利先己人——假風易起。

○成功腳下，階梯易踏；失敗途中爛石多——無階難峰。

●人少說話，固有長處；昧聽人語致命傷——知辨處駁。

○門前雪滿，固當自掃；踏上阻石應清除——利己人利。

●關門稱王，自封為雄；陶醉現實難發展——放眼四海。

○人指弱點，有無戒喜；事責其誤當省悟——非諍難暴。

●身懷億萬，猶感不足；腰無分文尚有餘——人心難慎。

○出入世間，似如播種；名利富貴靠耕耘—坐望必空。

●好生之德，天心憐憫；萬物芻狗仁不殺—聖化天道。

○陽光普照，空氣清和；水份充沛土地肥—播種必得。

●性愛逍遙，遨遊雲壤；處處無家處處香—無藉則苦。

○遼闊星空，茫茫大地；碧海藍天易容身—有容則安。

●勢張於識，智發於勇；學明於博力植厚—能用則強。

○明爭曲直，勿鬥意氣；著眼大局捐私見—害公則賊。

●死得其時，歿有是所；有重泰山輕鵝毛—榮辱之爭。

○徵詢異意，無議則定；抎自論斷人易非—斷於巧妙。

●學養灼見，抱負幹勁；工作體驗有魄力—進德修業。

○宴非鴻門，飯卻難嚥；事能預測總算明—糊塗葬身。

●才能在位，其事必張；功居其職人不怨—爭先為事。

○獨具慧明，創建新猷；曰光放遠觀全局──能觀必慧。

●大智若愚，不拘小節；聰明固有難論事──事難重託。

○自慚形穢，愧對大雅；脫胎換骨應革心──心不自欺。

●良知覺醒，痛悟前非；洗心革面重做人──執迷難悟。

○色重一點，醜能變美；千嬌百媚心中煩──投緣則情。

●士擁諍友，難毀令名；國有大老不失察──忠誠必諫。

○佛本菩提，明鏡高懸；俯視塵埃發慈悲──渡盡蒼生。

●得意一時，心驕必妄；偶犯過失當懺悔──能悔必善。

○塵世於人，皆結情緣；妄想天堂必癡呆──命貴今生。

●啟幕閉幕，舞台人生；角色美醜當心演──演必出色。

○鳥之將亡，其鳴也哀；人到臨死多善言──良知不滅。

●快樂味道，因人有異；精神物質各不同──樂當於藝。

○人會辦事，固謂才俊；做人成功堪高明——難在做人。

●公正磊落，人固欽敬；佞小圈套宜慎防——船翻陰溝。

○徇情矯情，不能得情；多事廢事則有事——事合於情。

●死能復活，敢問上帝；斷又再結怎謂圓——有損必痕。

○藍天白雲，山澗溪谷；綠野風光淨滌心——陶冶靈性。

●鸚鵡善言，不離飛鳥；猴固靈性仍屬獸——人為物雄。

○生於理智，長於戰斗；成於艱苦終道義——義發為友。

●擇善固執，貫澈始終；敗成利鈍非所計——理智道義。

○加官晉級，雖非前定；福祿壽考總有因——德種必果。

●口德載福，不惹是非；安步當車無風險——言潤德發。

○話含雙關，進退咸宜；事不絕境總留情——絕情難收。

●幾度秋涼，寒冬悄降；燕子去來春又臨——人生時序。

○暗地煽火，君子莫為；釀造事端小人徑—難稱正人。

●白雲蒼狗，多少豪傑；成敗英雄土一坵—淡泊致遠。

○植物之醋，常吃益體；戀情人醋呷傷情—情何醋發。

●世上之事，必作於細；業若有成不自賢—功必人言。

○善言心喜，人謂阿諛；惡語必怒形受辱—聞惡遷善。

●名彰宜懼，功高必歛；位重當守應展才—有守有為。

○敗軍之將，言勇必恥；疆場戰勝則稱雄—雄必雪恥。

●忠肝義膽，仁心俠骨；勳業功利恥言人—豪氣千秋。

○愛物受損，心必欲碎；事不如意則傷神—心置物外。

●言發情理，人必敬服；語態至誠心受感—不感必惡。

○毀家亡身，多因口惹；折骨傷體好械強—能忍必安。

●嫁雞隨雞，能愛必諒；女守婦德男守分—家業必興。

○乾坤多難，言壽則鄙；日月如流，詩當詠──能詠豈俗。

●人在江湖，身不由己；懸念親情，家當還──忘親難豪。

○咬文嚼字，固執偏見；悖明義理，昧全局──腐儒難期。

●操縱經濟，左右權柄；擁有財貨，勢可來──來必自然。

○經濟旁落，無以生存；欲保美景，全靠帛──除非有權。

●鬥狠百勝，不如一忍；千言萬當，莫若默──言正義發。

○愛通社會，道德之外；情入經濟，變態中──愛不售情。

●冷眼觀世，善惡美醜；細品人情，酸苦甜──能品則明。

○力固拔山，獨力有限；氣可蓋世，難敵眾──擁智則強。

●生於天地，雖稱好漢；太陽光下，必有瑕──無愧於心。

○縱有智慧，何若乘勢；不具才華，受人役──役必因才。

●愚者千失，必有一得；狂士之言，聖人擇──能擇非凡。

○虎毒食子，不脫獸態；誣陷同類禽不如—類必同衛。

●青山不改，綠水長流；景物依舊人已非—近鄉情怯。

○人在樂時，難思當前；性暴於行不顧果—樂極常悲。

●財因色起，色為財亡；財色相因魂常落—非淡必惹。

○神以御氣，氣以化精；精滿充實百骸強—神強必明。

●詩以言志，儲學移運；命由自轉扭乾坤—不儲難業。

○孔子執戈，耶蘇帶劍；平其不平天下先—聖教得傳。

●時代心聲，莫過以詩；非發悠閑為言志—思想反應。

○朝雨晚風，春暖秋涼；歲月無情催人老—情牽則非。

●髮易變白，齒難不落；時光棧道絕無情—勿為愁煩。

無財勢　有道德
人類之美
有權柄　無仁義
人類之醜

韓振方 著

人生智庫 塵海微語 第二冊

中華民國乙酉年 國父誕辰於東海蓬萊仙島——台灣

○時無英雄，孺子易名；勢移境轉可變豪——握機得發。

●飽經憂患，當別順逆；功過毀譽應自明——掌握進退。

○誘擊不戰，袋口不鑽；集中不打分散殲——穩忍狠猛。

●江湖好漢，風雲險惡；綠林英雄恩怨明——明於仁義。

○多輸誠意，別玩花招；推心置腹論義情——草莽豪傑。

●家成豪富，多產紈褲；貧家子弟易奮勤——器成於苦。

○風吹元寶，財去人安；攀崖登峰跌必慘——戒慎恐懼。

●春秋易度，冬夏難熬；寒往暑來鬢髮霜——握住時光。

○心秉至誠，不外無私；事本真理當知始——能誠則真。

●人守原則，不為勢劫；勇往直前本於志——劫變則非。

○貧不足羞，卑豈能惡；業怎可恃力勤奮——能勤必強。

●關山萬里，凌空飛渡；蛟龍滄海馬如神——藝筆千秋。

○童言自古，天何能忌；語無倫次稱老翁——計較惹愁。

●不爭於世，當稱達人；無貪名利可全身——身置境外。

○君子易防，因人坦蕩；小人難料心不測——無測必險。

●中原道統，革命心傳；知行合一脈終貫——承接不墮。

○虛心實幹，質樸堅毅；卓礪奮發應知勉——能守必成。

●喜得眼明，多交益友；好用餘暇讀善書——智多益德。

○與人講話，好少穩準；對己言說多美慧——不好難美。

●點子不多，人必不精；心機不敏絕無謀——理事以策。

○過目成誦，強記必聰；精研細讀必得明——去蕪存菁。

●人乏公德，難稱同類；古今社會論群生——無群難存。

○錢通鬼神，萬事易行；人為財死鳥為食——推論空空。

●看人呆頭，己非能精；事如不敏必落後——當著先鞭。

○話引名句，活用哲理；新知舊學腹中藏——能知不昧。

●山松風痕，心頭人影；紅荷寒菊難輝映——不譜畸曲。

○學論愚盲，理難辯清；計較於呆永不明——智愚難鬥。

●騎牆觀望，投機反覆；腳踏兩船風頭草——人格難恃。

○事為演習，必須有令；陽奉陰違人遭殃——令必貫澈。

●勸人之法，當忌論教；心有所惡避諱言——陰誘陽取。

○言計用事，公不如私；私不如結因無隙——正不如奇。

●親天地親，友萬物友；敬尊輩長愛人倫——既倫當親。

○酒如毒藥，色似鋼刀；財若釣餌氣戕身——能戒必賢。

●一臉寒霜，滿面秋容；陰含殺機暗伏機——溫語解情。

○友結生死，成敗攸關；誼交莫逆論自己——仁義為先。

●自語滔滔，其愚難及；任人發洩靜心評——客觀論言。

○課堂之上，會辯場中；演講台前見舌鋒──無理難精。

●君子易欺，因其以方；小人難詐巧對巧──守方鄙巧。

○月亮星明，突降雷雨；人民哀泣嚎長天──蔣公崩逝。

●晴空萬里，風雲激變；人類救星突天返──仁德聖君。

○自予風雲，絕無叱詫；懔於致遠必平淡──寧靜胸懷。

●機由緣成，緣因機發；捐機鄙緣那來情──除非神交。

○征衣甫卸，心歸田園；重拾雄風收故業──戀必傷情。

●天下雖安，忘戰必危；疆場固靜伏殺機──互謀克敵。

○道德仁義，人之四體；分必有四合為一──無合難美。

●喜佞惡直，結怨匹夫；黨親遠疏激眾怒──化私為公。

○酒以伐性，色以傷命；利以辱志皆因迷──不迷難惑。

●口吐穢言，人必不恥；行為鹵莽心必鄙──文雅坦蕩。

○難得糊塗，糊塗難得；聰明容易糊塗難——難於愚智。

●欲參其內，邀約相敘；攫取領導聯誼會——組合架空。

○下筆千言，胸無一策；謀士書生學不用——有謀當斷。

●置身內外，言有殊異；深淺親疏見安危——舌造禍福。

○勇猛如獅，狡詐如狐；知發為謀視敵情——進退自主。

●忘義負恩，人類昧恥；人性變化難論常——激變少情。

○人有六敵，色慾驕慢；貪瞋癡與狂妄者——能戒則聖。

●官於軍旅，退入江湖；小樓讀書娛晚年——體強則樂。

○菌留體內，終會毒發；事有癥結當求解——不解必疑。

●交忘貧賤，其品至鄙；友不重情枉論義——忘本難人。

○酷熱溽暑，汗多勞疲；天寒地凍體須動——不動難強。

●五倫固守，當論群己；生態環境愛本德——無德難公。

○秋山紅葉，枯枝凋萎；老圃黃花看斜陽——珍惜晚景。

●四十年前，曲江春夢；終南山下一懵童——夢有榮枯。

○明知無魚，偏要撒網；黃河不到心難死——人心好奇。

●內涵氣勢，豪情萬丈；腕力千鈞書畫神——功成自然。

○一敵萬擊，眾策齊發；萬般謀略在求成——謀用敵國。

●以古為鑑，可測興替；以人作戒知得失——鏡整衣冠。

○巍巍河山，廣柔萬里；文物悠久歷史長——美麗中華。

●立身齊家，兼育萬物；克傑赤子四方來——城府無物。

○千古江山，英雄感懷；揮戈躍馬氣猶龍——老兵難凋。

●豪情壯志，百不酬一；乍死老殁鬼尤雄——氣吞河嶽。

○人急生智，身危力發；心慧謀多計易得——無慧則愚。

●碧空萬里，月明星稀；雪封大地行人渺——千山鳥絕。

○世上舊家，無非積德；天下好事唯讀書——書以潤德。

●衣著固新，人當念舊；形態華美心應善——無善必醜。

○山中無虎，猢猻稱王；厲鷹不雄雀為豪——雞首雞為。

●仇怨非易，但益無窮；恨能捐懷德潤生——相報必害。

○二虎相斗，漁人得利；一雄稱霸弱難存——欲存必服。

●不義得富，縱富人鄙；光榮固窮心坦然——競窮於富。

○摘奸發伏，枉縱則非；嚴究歹徒本愛心——公忠體國。

●油腔滑調，人難信賴；話含幽默起共鳴——語言藝術。

○青山綠水，雞犬蛙鳴；田畝阡陌桃園景——世外風光。

●名得於時，始明其貴；利賺於易非知守——能守則得。

○人苦掙錢，精竭力疲；事難推展心焦愁——受牽則亡。

●遠海撈珠，不若磨玉；盡捐夢想難成真——理論實踐。

○偷樑換柱，行當穩秘；釜底抽薪絕患源——欲功慎策。

●話含正反，反正本理；理發正反皆成章——事評反正。

○成敗升沉，毀譽美醜；是非善惡黑白明——不明難哲。

●枉費心機，徒耗神勞；欲巧不拙算能人——不能必拙。

○事非能傳，豈算合德；人若有品怎云貧——貧不改格。

●縱橫排蕩，踔厲風發；權奇倜儻數異能——無能難縱。

○貪權亡命，使氣喪身；人因財死色奪魂——能節則生。

●史必有徵，考而後信；事涉君親多隱諱——曲筆失實。

○一人之事，分做難合；一人之言遞傳失——以是為非。

●落霞孤鶩，心曠神怡；秋水天長似仙境——壯麗風光。

○山色波光，古樹雲海；層巒疊嶂飛瀑泉——居必得壽。

●跋涉固勞，食胃反佳；常遊山野身必健——欲強當動。

○老來晚景，心神安泰；南山永壽稱仙童——德與壽長。

●人非外圓，難適境俗；捐去內方無原則——圓當以誠。

○處事敏斷，易握先機；交友不真難得心——宜守篤誠。

●一字之褒，榮於華袞；隻字之貶甚斧鉞——秉筆公正。

○人不愧人，明可成人；心安理得不畏天——本義行仁。

●嗜欲越深，天機則淺；理性愈明境必高——明於庶物。

○追求生活，競鑽營利；生活享受心靈靜——靜能得享。

●思慮清明，腦醒心悟；理想信念別高低——別於幾命。

○傾心結納，疏必變親；無意攀交近成遠——交必以誠。

●言無原則，話不中肯；統眾御人心難服——樹立偶像。

○幼得撫育，少獲管教；壯能展抱老安養——人生當慰。

●茫茫大地，悠悠窮蒼；濛濛神州空前劫——山河蒙塵。

○秉以理性，祥和必致；觀念溝通建公識——識不以私。

●大處著眼，小處著手；高瞻遠矚近處行——為大於微。

○人有精力，易成於業；徒具才華難言功——功以體成。

●人心不仁，親變於仇；事失於信真變假——假因失信。

○慈善事業，溫暖人心；德施於眾化人心——心感人德。

●富明窮苦，心必憐憫；窮知富酸志必勵——勵必只進。

○潛居抱道，以待其時；得機而動功可成——明勢守變。

●明於盛衰，通於成敗；審於治亂以去就——起而承當。

○用人不疑，疑人亦用；人事管道不容己——人不知疑。

●非有長才，難當大任；待時守機通達變——變成於人。

○人處順境，百濟無奇；人處逆境一助感——感必難忘。

●財富破產，易於重建；人格喪失難再立——立必痛改。

○心若向善，毋須敬神；人如作惡佛不靈——靈不佑惡。

●做人糊塗，煩惱自請；精明做事禍害無——無因明智。

○不念人仇，仇亦變友；不記人恨恨化無——無恨必樂。

●愛心一生，百恨自消；慾念一起惡必來——來必邪動。

○國家之事，人必有責；心懷抱負當為民——民必感德。

●人處於事，冷靜客觀；事臨於人宜衡斷——摒棄主觀。

○虎落平陽，受欺於犬；龍游淺水遭蝦戲——能屈必伸。

●挑撥是非，破壞團體；人不光明行不齒——默察動機。

○以魔為敵，人敵易消；拒邪不入理必來——來必無邪。

●不做壞事，不怕人言；不說惡話不怕疑——疑必生非。

○盲目批評，人易利用；瞎亂吹捧人易輕——輕必人鄙。

●責人不己，其心可誅；求人非己人可悲——悲必無能。

○官不認友，下台難交；官不認親卸必疏——疏交必離。

●人之將死，其言必善；鳥之將亡鳴必哀——哀必心傷。

○人行於邪，不可為伍；行做於惡難善終——終前積德。

●走火入魔，行信著迷；左道旁門人莫入——入必遭殃。

○友誼相接，不善則遠；江湖人士恩怨明——明本情義。

●人不服氣，百事可為；戰用士氣必可勝——勝必直前。

○中傷一句，費解心恨；錯誤一著悔半生——生當無誤。

●記人好處，仇化為友；說人優點疏變親——親必讚佩。

○情記心中，不應掛口；厭人在心不顯臉——臉現人知。

●言之無物，令人討厭；說之無理招物議——議必無識。

○人為一等，品必潔淨；事做一等心秉公——公為無私。

●堂堂正正，立德立業；處事做人心無愧——光明磊落。

○喚醒人心，認識興亡；為民前鋒共奮起——起無敗類。

●話有知音，千言不少；一語不合半句多——多必易爭。

○人過留名，雁飛留聲；長空殞石一流煙——立功德言。

●饒人於過，人易遷善；恕己於過易再犯——犯必無改。

○忘卻痛苦，會再重演；不畏危險危不臨——臨必不安。

●競爭於權，必須以智；維護於權須以術——鞏固以德。

○人無強敵，便無戒心；事無困阻難知苦——苦盡必恬。

●創造局面，人定於天；改造時勢以德術——術本以仁。

○落草流寇，妄言天驕；舞文弄墨千古羞——歷史渣滓。

●未種苗群，森林不生；樓不奠基難起高——根固則強。

○社會如爐，無物不熔；人群似火易燃身——不燃當警。

●行所以行，止所以止；激變途中宜察明——慎謀能斷。

○史別忠奸，時測好歹；事明是非義判友——有明以情。

●思友乾淨，可論是非；行為磊落言道德——德生於潔。

○溪澗徜徉，雲山作伴；環抱自然淨滌塵——心胸曠達。

●敏銳觀察，冷靜思考；了悟人間真性情——理念純熟。

○新舊交替，政權遞變；顛沛流離苦蒼生——生感幸存。

●立於不敗，必須穩重；事能成功具信心——心堅必成。

○直覺判斷，易遭錯誤；客觀分析無偏差——差必因偏。

●神經過敏，必敗於事；過於畏懼難事成——成事以勇。

○問題產生，立解不拖；隔膜於人應溝通——通必冰釋。

●自用智力，只成小事；用人智能大必功——功必人智。

○人忙心定，忙中無錯；體勞心安勞無煩——煩必心亂。

●達觀奮鬥，敬業樂群；永保生活新氣象——銳志不墜。

○大道不平，山路易走；危險溪徑少危險——道平易仆。

●表為其品，內蘊以德；言行一致內外符——符以仁義。

○美醜觀點，以事而詳；善惡論斷以人衡——衡非直覺。

●獎人以善，隱人以惡；同夥相善不人惡——惡必非德。

○知心相處，雖苦亦樂；業能相結死無怨——怨必難結。

●無權使人，人必反對；有權不用變木偶——善用以權。

○人帶糊塗，可滅煩惱；事必精明不後悔——悔事不明。

●欲解決人，多用感情；通辦於事用理智——智以方法。

○與眾不成，獨特始顯；和眾相同易現實——抱以客觀。

●無責任感，不足領導；心乏榮譽難表現——事成於責。

○益人事物，應予宣揚；害舍而隱免播眾——惡眾難德。

●事若可傳，都合人德；人如有品豈算貧——貧守於品。

○憂先以憂，樂而後樂；服務人群該當先——奉獻犧牲。

●學如行舟，不進則退；人生老到學不完——學海無涯。

○進應知退，仕而知隱；權衡當時勢與情——人以明哲。

●指導做事，決策原則；事能竟功必方法——法多易成。

○人無方法，糊塗度日；事乏原則必亂行——行必無功。

●不能決斷，空言策計；若無獨行事難成——成於獨斷。

○將不住心，精神必散；管不住人力量無——無人何功。

●人畏於權，眾敬於能；心服於德統御功——功必全具。

○為人設想，可化疑忌；對事構思除推諉——諉過無德。

●人失其本，勞而無功；心忘其宗苦招怨——怨必生苦。

○朝秦暮楚，二三其德；暴露醜行令人惡——惡必難義。

●學要通達，人宜明達；事以練達始為人——無愧於世。

○事無考慮，必難有成；過度構想事難為——為當勇赴。

●人受挫折，始知謹慎；行能小心始可成——成因先敗。

○沉不住氣，做不好事；想不通理無好言——言必無理。

●經濟源頭，原為事業；事業後盾乃經濟——濟必得業。

○有才無德，用不可信；有德無才信不用——用德濟才。

●事成不易，當思守果；物得困難當思儉——儉不過刻。

○江海遼闊，窮蒼渺渺；仗劍江湖任遨遊——到處青山。

●酒釀百種，飲法千態；醉臥權柄逞豪雄——雄必以德。

○熱愛風頭，靈驕其能；暴躁衝動無理性——性必以理。

●抱負以志，目光遠大；著想於人福以祉——人積成業。

○江山易改，本性難移；擇善固執人之情——情本以善。

●人之嗜好，性之所愛；被人利用易生害——害生於昧。

○事想通為，為必無悔；情想妥愛必無阻──阻生當克。

●話能承受，事必易成；氣能忍住事易化──化必無事。

○識產信心，膽生決斷；能可成事力必恆──恆心必毅。

●智商相等，事易協辦；識慧有差行引導──導以事成。

○窮易快樂，因無得失；富多憂愁易得失──患失必愁。

●人拒納言，已近心死；事無批評起色難──難無進步。

○人能做好，言和行善；事做不好因私能──能強必功。

●賢人能德，聖人能化；偉人能忍聽能學──學靠勤究。

○譽多謗隨，反擊無德；才高妒至嫉無能──能不妒生。

●才無氣節，文行必奸；文有才氣必雄豪──豪必因節。

○知友如鏡，知心如秤；知己如眼無知盲──盲必孤寂。

●知人之長，當思重用；識人有短小心防──防勉於改。

○情理處事，變萬不敗；道德為事阻必行——行本於德。

●心盡想事，事必精詳；力盡為事事必通——通必力注。

○過於情感，近於無智；情敗傷心因智無——無智情傷。

●文士思靜，武將多動；賢必立德哲明理——理明必通。

○心言行一，忠當發煌；恩養敬親孝必存——存因其行。

●同行相忌，同才相斥；同利相求同害扶——扶無義折。

○舉棋不定，反覆無常；措施不當事難功——致敗之由。

●獅豹虎象，力固無窮；非人能此但無群——受制於人。

○自固於內，外敵難侵；人必自辱人始污——自強必強。

●既然不恥，無須動問；德留餘情人必感——感必以心。

○髮匠看頭，屠夫視頸；觀察識人先究心——心識必明。

●事無接觸，識難從生；人不共事德難見——見性知人。

○求必過捧，得必過騙；情必過愛義過公——公因於義。

●力服必下，術服云中；德服稱上分高低——低必以力。

○可靠資本，才德體格；致命病根貪妒疑——疑心難誠。

●話含鼓勵，勝過譏罵；惠施救助捨糖衣——衣解衣人。

○頂天立地，繼往開來；立志報國大丈夫——夫必英雄。

●國家興亡，人人有責；榮以服役不能辭——辭非國民。

○人有個性，原為天賦；性發於時可以威——亂必人鄙。

●貧可暴富，富易暴貧；過親易疏亦易親——親易疏遠。

○私生矛盾，利必爭鬥；矛盾不生私必公——公無難爭。

●過於理智，近於無情；鄙人孤獨心必傷——傷因無情。

○言少養氣，慾少養精；味少養血怒少肝——肝由養護。

●食宜八分，上樓慢跑；登山走路人長壽——壽人自定。

○爾想長壽，請您跑步；若要百歲常運動——動必健康。

●鹿無狼追，其性必懶；狼趕鹿跑壽命長——長壽長跑。

○寺名普渡，有個道士；月俸雖簿但運動——動活百齡。

○人情通達，義理易明；學問到家悟理透——透必徹悟。

●以眼看人，重在傳神；用字做文重傳思——口傳傳意。

○經一挫折，長一識見；容一橫逆增器度——承必悟境。

●刻簿尖酸，必難增壽；好壞論斷人無福——評以良知。

○紙簿易碎，刀簿必屈；人簿無情德益壽——處世本厚。

●吝於自改，何人論過；怨不如人勝我多——誇勝人非。

○集惡殃身，積善疪後；滴水盈器勿輕惡——惡必先悔。

●能忍人怒，是謂涵養；見怒反擊易干戈——忍化玉帛。

○城牆易倒，人牆難摧；口液雖少易淹人——惡言易死。

●官高勢強，錦上添花；削爵失權門落雀——世態人情。

○多愁易病，善怠生悲；達觀人生命必長——無怠不愁。

●聖域無垠，聖德無限；王師販夫皆可為——聖化無惡。

○天地合德，日月合明；四時合序潤於物——超凡入聖。

●位崇故傲，自敗於德；學博使驕人必鄙——守於平易。

○抽刀斷水，水流尤湍；舉杯消愁愁更愁——自悟必解。

●莽莽大地，朗朗乾坤；傲笑人間幾度秋——不做茅賊。

○自足自滿，難受人益；自恕人恕皆非當——恕人則安。

●人我自責，天清地明；事如相斥地翻天——凡責必怨。

○交淺言深，愚含豪味；交深言淺心無忠——不忠難諍。

●多言招尤，盲言賈禍；悅吐知心防簿洩——怒不傷情。

○官論權利，不論是非；情言愛恨無利害——害因有恨。

●錢會運用，永不貧困；人懂適任易立業——業由眾為。

○眾怨親離，事必傷心；以怨報德必恨心——心無人性。

●處於亂世，始明安貴；禍變境中知福珍——珍惜今生。

○無愧於心，精神舒暢；無愧於人難物議——事愧眾議。

●錢的運用，求生活樂；人的才能德功言——言立必久。

○文有見解，其言能立；事重效果功可建——建必以能。

●人秉氣節，其德能立；業重誠實信可樹——樹必有成。

○闡明理論，由簡而繁；處理事務繁而簡——簡必以明。

●自不知處，探明新知；從已知處求心得——得於心明。

○間接求人，可免難堪；直接助人效力速——速必能濟。

●知人之心，始算知人；識人之才真識人——人才人用。

○吹毛求疵，必是識淺；粗疏無能必學陋——陋必難業。

●聰明才智，測於危難；是非得失看結果——果種於因。

○陽謀陰謀，人皆難防；小人偽君都可怕——怕必因誠。

●亂事定心，識必過人；鬧中靜心修養深——深必因靜。

○人沒刺激，易生痲木；適當衝擊起興奮——過刺傷神。

●廉價將入，不惜支出；艱苦穫得必吝惜——惜必珍用。

○農商社會，易辨善惡；工技時代利害爭——爭必向前。

●睹論輸贏，不言交情；商為賺錢無親疏——以利為先。

○邪念一起，罪惡必生；善心一發德功積——積多必壽。

●事上以忠，忠以勇智；御下以義公嚴明——明不疏狂。

○天下事理，難盡全明；世上人情難攬有——做人無愧。

●從容疆場，沉潛禮義；統御人眾唯忠信——不忠必禍。

○功高震主，憂讒畏譏；流水高山思全節——無思節污。

●名將勳業，孰人能替；慎謀果斷在從容——不容難業。

○生不帶來，難死隨去；積財千萬當行善——善施靈界。

●橫逆突降，聖凡不免；處於橫逆守以常——常可任事。

○行無邊際，人必心鄙；事公於眾人必德——德生人敬。

●中共至愚，死守馬列；國人為敵終敗亡——亡必自共。

○美麗江山，巍巍中華；欲雄歐亞必滅共——同登幸福。

●暹邏緬甸，棉寮韓越；不丹錫金尼泊爾——曾隸中華。

○中華民族，素愛和平；不言階級何鬥爭——花開自由。

●人雖不愚，惜總少竅；事固糊塗但能成——難衡常理。

○患難固共，安樂應享；人生相得義難求——求必良心。

●富怕盜竊，貴懼佞小；人死債迫心畏怯——不怯必勇。

○有放能收，籠絡人心；心形向背成敗階——無階難上。

●馬祖香醋，健慾壯體；兩盅開水一杯醋——晚飲必強。

○從來名吏，甭無名錢；無名錢用豈值文——不值難名。

●老子化胡，無間中外；君侯悟道協神明——明白清靜。

○龍雲至聖，護佑中華；玉階承傳救蒼生——生當修道。

●乾坤初奠，有人之始；得道高人集崑崙——天地同壽。

○心繫大陸，力爭千秋；馬列流毒必肅清——同享自由。

●中華文物，源遠流長；唾棄馬列泊來品——國人同心。

○日寇暴行，慘絕人寰；血濺南京恥難忘——以德報怨。

●俄寇非人，舉世可鄙；北極熊殘邊疆患——不防必害。

○貝加爾湖，庫葉列島；蒙古流球海參威——難容久佔。

●西北利亞，萬百方里；大塊土地遭俄掠——不復難安。

○理天仁德，蔣公正位；祖國未復志永存——靈佑復國。

●半截英雄，兩面孤忠；馮道三桂汪精衛——萬世蒙羞。

○民族聖戰，浴血八年；毛共劫果禍中華——歷史悲劇。

●花開自由，民主結果；反共志士聚寶島——毋忘在莒。

○泰緬叢林，中華兒女；邊區蠻荒難民營——游擊英雄。

●河山沉淪，沐猴張舞；衣冠何曰拔父老——重光國土。

○曲江池頭，革命洗禮；大雁塔前承熬煉——報國從戎。

●鳳翔人伍，陳村受訓；卒業王曲金谷洞——革命戰士。

○黃河滔滔，傾瀉萬里；長江東流歸大海——水護蓬萊。

●俄寇不仁，妄動干戈；帝國霸道幾亡種——王道興邦。

○河山蒙羞，有待重光；韓門千秋姓氏揚——忘祖難裔。

●義不帝秦，遺民淚恨；江山固麗生靈炭——推翻暴政。

○天下蒼生，非盡白癡；稍具良知皆心明——明共必滅。

●利名兩忘，獻身蠻荒；反共英雄鄧克保——志功報國。

○春雷巨嚮，民主花開；醫哲博士王炳章——中國之春。

●民主法治，自由人權；大陸同胞齊爭取——民運先鋒。

○孤臣孽子，百戰蠻荒；泰緬寮邊游擊區——中華健兒。

●大陸人民，心向台灣；暴政不仁眾必反——仁政必興。

○處於福中，人當知福；人在苦難始明甜——明於比較。

●摩耶精舍，大千蟄居；藝畫技絕傳今古——非絕難傳。

○品茗茶渣，集罐封腐；湯火傷痕敷奇效——食鹽亦可。

●欲保民主，必須反共；想要自由必守法——同船共濟。

○耳語人恨，但多愛聽；明話雖亮人多嫌——嫌其無際。

●暴政雖虐，難奪民心；人心向背卜興亡——心向仁政。

○兩霸相爭，必雄一方；科技鋒競看領先——先手為強。

●劉邦縱弱，卻擁江山；項羽雖強垓下亡——智能勝勇。

○諸葛無力，卻能拜相；李廣射虎老無封——力不及智。

●物華天寶，人傑地靈；蓬萊仙島福民居——居必人樂。

○自由燈塔，雄崎海疆；光明萬丈喪敵膽——金馬台澎。

●天上明月，照亮古今；今人何曾見古人——人看月異。

○寒冬突降，封冰難久；一聲春雷中國醒——醒必自由。

●百花齊放，百家爭鳴；既鳴且收人遭殃——毛用陽謀。

○脂肪塞腸，命難永壽；臟腑納污疾必多——清淡長生。

●反共巨擘，索忍尼辛；暮鼓晨鍾驚世人——發聾振瞶。

○暴政集團，強調武力；民主憲政重民命——暴無自由。

●五八之帽，天工之衣；天下非人類禽獸——寓共必敗。

○國歸中國，共歸中共；中華民族皆國人——人必棄共。

●天下名山，當數五獄；嶙峋巍峨雄壯麗——無獄不聖。

○四海龍騰，山中虎嘯；橫掃妖魔復中華——王師怒號。

●中華文物，締於先賢；尊崇馬列非國人——人必唾棄。

○分而復合，共黨形態；合而復分目標同——同惡相濟。

●大陸雖大，民不附共；台灣固小人同心——心必滅共。

○逃亡浪潮，空中海上；衝破鐵幕奔自由——天堂地獄。

●自由民主，安和樂利；花開寶島樂長春——愛護園地。

○民族英雄，忠義烈士；潛發幽光崇其德——昭示千秋。

●五族共和，融貫東西；中華文化惠環球——協和萬邦。

○集權民主，絕難共存；自由專制不併立——非圖苟安。

●強權環伺，四面楚歌；世無正義弱難存——存必自強。

○自由寶島，美麗台灣；反共前哨照環宇——光明像徵。

●天佑中華，尚留寶島；物阜民豐樂昇平——自由天堂。
○中俄共黨，同一根源；禍亂人類無優劣——集權殘暴。
●復國前途，只有團結；光復神州靠力強——船破必翻。
○金山寺前，如來佈法；心懷仁慈宣道禪——禪功必宏。
●共產政權，難分好壞；侵略征服性殘暴——口密腹劍。
○共黨思想，皆本唯物；區分階級論紅黑——爭鬥清算。
●青天白日，光輝燦爛；先烈締造垂史冊——冊必留芳。
○團結反共，匡時志堅；河山正統屬中華——民國萬年。
●三民主義，四海尊崇；自由民主通天堂——世人同享。
○楚霸雄豪，烏江遺恨；空負百勝中原夢——忍恥重興。
●共產主義，剩餘恢燼；夕陽無限近黃昏——人必唾棄。
○中華民族，向本仁愛；孝悌忠恕傳家門——孔孟千秋。

●赤色火燄，吞噬南越；海上難民隨風飄——慘絕人寰。

○中華民國，誕在雙十；籌海同歡慶國慶——四海同心。

●自由民主，共和政體；三民主義幸福果——中華民國。

○政由民治，官自民選；權歸議會利民得——政府有能。

●歌以梅花，十億心聲；三民主義萬家春——人同心願。

○殿堂巍巍，古色添香；宏偉壯麗國父館——紀念中山。

●婦如懷孕，欲轉雌形；雄黃一兩置胎前——舉必得男。

○妊婦南行，人潛後呼；頭左顧男右則女——乳左塊男。

●江山如畫，物產富饒；文化悠久歷史長——中華民族。

○寶島長春，自由花開；山河亮麗賽蓬萊——人間天堂。

●共產主義，笑禍根源；官吏黨員盡特權——人民該死。

○維他EB，HT常食；營養均衡吃量少——延長壽命。

●極權政體，專制為先；國家經濟賴人才——才必不多。
○民主制度，法治為先；自由經濟民皆富——富必民享。
●赤亂神州，共禍中華；生離死別骨肉情——誓復河山。
○整軍經武，士飽馬騰；跨海西征飲黃龍——還我家邦。
●失國奇恥，豈敢忘懷；遺民淚恨矢志雪——生聚教訓。
○馭駕艨艦，衝破鐵幕；策馬長城拓邊疆——牧羊塞北。
●大陸同胞，渴望王師；自由號角終必揚——拯民水火。
○世上主義，各有所本；惟有殘民人不要——要於三民。
●三民主義，統一中國；大同世界必達成——共享康樂。
○中華一統，華夏重光；民生樂利國富強——世界大同。
●蘇武牧羊，烏拉山邊；庫葉島上開金礦——勿忘熊蠶。
○高麗安南，曾來朝貢；蔥嶺小國皆入藩——中華稱雄。

●同文同種，當數朝曰；安南何曾不同宗——忘祖非類。

○神州陸沉，鐵幕深垂；家遷國破待重光——起舞於旦。

●授書於良，石公識絕；傳書不道濟其惡——佐仁除暴。

○海峽兩岸，人民同宗；政體不同難相容——民主必興。

●革命元老，祈靈先賢；反共大業以何勝——自由民主。

○空中鐵鳥，互競比翼；戰不在兵人類劫——劫必人禍。

●海疆萬里，干戈未接；雲霄及泉禍連天——天人浩劫。

○躍馬中原，指鞭幽燕；犁庭掃穴靖河山——痛飲黃龍。

●大正至中，面當堂前；大忠大孝門兩旁——蔣公銅像。

○人分紅黑，五類有別；貧富親情相斗爭——爭必仇恨。

●公產私無，人如牛馬；集體勞作分工酬——產歸共黨。

○共產餘焰，歸終湮滅；自由民主必發皇——埋葬暴政。

●至中至正，為聖為賢；忠孝報國心拯民——偉哉蔣公。

○蓬萊仙島，反共堡壘；自由燈塔照環宇——仁政必興。

●國旗環列，人山人海；中正堂前瞻蔣公——永懷領袖。

○偉哉蔣公，大中至正；其介如石志民族——革命軍父。

●來台先民，君非早臨；以吾而論開山祖——祖皆炎黃。

○秀山之陽，明珠亮麗；鄙鬥心好應得寶——寶難於命。

●十月卅一，救星誕生；打倒強權剷不平——總統蔣公。

○冬月十二，東方慧星；推翻專制孫中山——國民之父。

●珠江水寒，大海茫茫；一葉孤舟奔蓬萊——自由天堂。

○台灣軍民，來自大陸；義不帝秦心在莒——同心復國。

●鄉鎮代表，省縣議員；立監首長皆民選——官為公僕。

○鐵幕雲深，災黎哀鳴；苦難同胞待我拯——人人有責。

●久歷我伍，本色僵硬；形象固強但泰然——詞鋒宜婉。

○中正堂前，花團錦簇；佛手連續如意圖——紀念蔣公。

●胡塵未掃，狂歌於市；空發於聲徒悲傷——當酬寶刀。

○軍民團結，精神一體；不分東西何南北——復國為先。

●暴政不滅，吾人之恥；同胞不救怎為人——血濃於水。

○征戰歸來，鄉不吾梓；田園風貌根非家——到處青山。

●清明時節，慧星殞落；世界偉人數蔣公——民族救星。

○三月十二，大哉國父；獻身革命為民族——創建民國。

●雷雨異色，蔣公正位；中華民族巨星落——全民震哀。

○莊敬自強，處變不驚；慎謀能斷力必成——成於復國。

●一貫道統，繼往開來；總理蔣公各傳承——發揚光大。

○劃地為牢，民以票食；暴政不仁民何生——不仁必亡。

●海上漂民，血濺南疆；幾人能逃魚腹食——共產仁政。

○心如吞鉤，苦中難樂；事非如意心不歡——歡因得意。

●動若狡兔，靜猶泰山；往要有得去則隱——謀妥必動。

○身處世內，游心世外；事來順應行自在——不為事煩。

●因情達變，把定原則；能事看開有擔當——目標不變。

○人因生存，多論現實；非為生存現薄情——情厚則福。

●人事異動，環境必變；環境隨人因轉移——移用環境。

○團體害群，勿使眾哭；毒草不拔終蔓延——忍痛犧牲。

●人為痛苦，吐了心快；事若不樂勿憂愁——愁多體傷。

○一聲歎意，握手言歡；新隙舊嫌一筆銷——主動至誠。

●不怕自卑，只怕傲亢；不怕無志怕不為——為所當為。

○明窗淨几，心情怡然；山水亭園宜養性——性仁養於。

●慎寒儉嗜，輕身卻病；省慮戒煩去心疾——疾無則強。

○酒性反側，宜友易敵；人性難測善於變——變誠則親。

●食不甘味，人易於疾；胃不思慾心必病——病解通氣。

○事違於眾，業難興發；處不及謀易於敗——敗必智無。

●儉吝於酒，其身無傷；節嗇於色精不損——嗜多必傷。

○貪能溺人，尤勝江海；氣可毀身甚於毒——戒欲懲忿。

●身雖萬苦，莫如無疾；心從不樂別愁憂——憂必體損。

○保身之道，節慾防寒；養心之法守靜儉——儉恕本仁。

●饑寒痛癢，唯己則覺；衰老病死身獨當——當必還重。

○話不投機，半白有多；事不和諧方用圓——圓必通和。

●百害之毒，皆產於濃；酒色財氣必因貪——貪多難解。

○人慾易治，情慾難醫；利慾於心識難明——明必去慾。

●水滯蟲生，鬱結身病；怒發造隙人易撥——撥因有隙。

○兄弟同心，黃土易金；友能同德事必興——不同兩敗。

●骨肉搆難，必引外侮；同室操戈人必辱——辱因失和。

○誠實做人，真心待友；明斷處事勤於學——學必業成。

●酒易交友，亦易失和；貨致於友常難義——德以補嫌。

○身失於貧，則難於立；家過於富易驕淫——風水輪轉。

●科技競發，人遊窮蒼；環繞宇宙太空梭——智奪於天。

○因性於嗜，偶聚於野；自由相集無利害——各逞智言。

●應邀集會，群謀議事；因公以赴得以智——表現於能。

○迂迴側襲，優於攻守；困點伏援兩面殲——彈性主動。

●予智自雄，豪氣縱橫；巨魁輩出人思逞——亂世草莽。

○角力競險，誘叛納降；奸詐肆行德節喪——極謀逞雄。

●怙亂咨暴，鷹犬逭逐；翻覆無常廉恥喪——難求於格。

○興亡固速，生死難期；朝秉節鉞夕受斧——為官當節。

●昨為上客，今作階囚；從龍扶搖死孤憤——明時則適。

○達人知命，非媚邀倖；不附權勢行我素——高風亮節。

●輕於動怒，人窺肝膽；重於愛憎為物役——宜於隱蓄。

○利交易咎，德交則義；淡交必長禮交情——不交無友。

●人責之過，靈心體察；局外之言多客觀——剛愎則鄙。

○他人忠言，貴於金鼎；拒於美意豈稱智——智衡擇諫。

●叡智興業，因集眾意；至愚誤事好自用——明斷由己。

○富貴於人，則德宜寬；聰明於人當學厚——不厚人遠。

●人以巧言，誠以待之；出於厲語婉以答——不為所遷。

○人以謔詞，默笑以對；發以戲語詼宜諧——動怒非智。

●以鏡自照，觀於美醜；以人為鑑別善惡——能察則明。

○恩怨太清，難具道心；世無善人非德言——恕之以仁。

●耳聞能誦，人必至聰；過目不忘則心明——有德必成。

○潦倒騰達，悲歡離合；人生故事各本因——造物神異。

●透視心性，認明善惡；理事不察枉為人——權行以智。

○福至心美，禍降智昏；禍不扣門福有因——禍福人積。

●福難力致，禍非知逃；賀客行前吊於後——因殃致德。

○人受於挫，非言於恨；不怨不激識器宏——人必堪用。

●人處極難，非言妄毀；不損於德宜加慰——適忍感深。

○人生之慾，名富於樂；德業學問實其身——無德難功。

●人無希望，其生猶死；勤勉於業適於榮——活於遠景。

○榮樂之餌，易生厄運；餌釣於福易釣禍——用餌當慎。

●猶豫不決，必伴危險；禍亂不智則恆亡——明斷易福。

○人之性行，長短於生；棄短取長終身友——忌短難交。

●道義之言，妄毀遷腐；自暴於愚則殃多——相德則益。

○禮義兼恥，律己則德；繩之寡過非律人——繩人寡合。

●難財不苟，遇難不懼；處事果斷急中智——人以謀成。

○人之行誼，先自孝生；心淡於孝無言親——能親則孝。

●婦人之德，當先明恥；輕於其恥難言美——不美則劣。

○人善多言，難與遠謀；性好於動難久處——明性易交。

●喜占便宜，少與交財；人善狐疑難與謀——知人善處。

○咨之以謀，藉觀其識；告之以禍察其勇——測人以變。

●臨之以利，藉觀其廉；期之以事測其信——察人以德。

○欲人從己，必先從人；欲人愛己先愛人——能先則得。

●小人頌譽，反增以損；君子言美德添益——非決於人。
○消阻閉藏，其人必奸；披肝見膽則豪雄——奸難於雄。
●反躬責己，無事不善；尤怨於人遍地惡——善惡於心。
○出手於爾，反乎於爾；信毀於人先損己——無信不立。
●智者所短，不若愚長；韜智示拙勿逞能——好辯招尤。
○人作於德，心逸日休；人作於偽心難閑——心勞日拙。
●人而無信，行必不立；信不由衷質無益——信以成德。
○順勢推移，其事易成；逆勢而為事難就——握勢在人。
●以仁治人，則人易服；以義治人則人佩——霸治心惡。
○人受諫言，其人必智；拒納人言則極愚——善惡於心。
●結怨於人，種禍之源；捨善不為無德根——懷仁無敵。
○剛非暴厲，柔非卑弱；太剛則折過柔靡——互濟則強。

●山高無暖，水深則冷；冷暖人心尤難測——非德不化。

○福不多享，非儉莫主；勢不便使少斷人——養心無怨。

●出世之心，置身物外；入世之念理於事——物牽難脫。

○隨波浮沈，難分善惡；胸無涇渭不辨非——必為浪沒。

●病於信人，終為人讒；果於自信易積過——明於察事。

○狎戲於過，則人簡慢；莊重於甚人難親——情洽意和。

●人能屈己，則可處眾；人若好勝易遇敵——行之以德。

○無人易肆，其形則浪；有人易僞言行檢——公不論私。

●是之於非，當先審己；毀之於譽後聽人——律己則德。

○藏忠於奸，世人莫察；隱詐於信人難悉——細辨則明。

●怨尤憤世，非濟於時；處於憂患宜忍性——守厄圖變。

○處於極盛，設想於衰；境於拂逆力圖興——因應於遇。

●情薄如雲，吝多於慷；非於鄰舍親少往——濃淡宜洽。

○與善人居，則入於善；與惡人處則易惡——近朱則赤。

●處事應物，行無私心；行當於理得其平——本公於德。

○人立於群，豈可孤立；孤立必獨病於傲——合群則生。

●長於組織，人為之用；短於組織用於人——役之則主。

○眾欲嘲狎，則人無骨；群皆敬畏有威德——非重難莊。

●人之舉動，條變異常；不祥之兆必然生——觀人於微。

○患難險阻，多生於欲；循於天理易坦途——行險致倖。

●位顯不德，其人必危；山高無樹風必險——仁潤於生。

○事能韜晦，必潤於心；遇事表露未必益——慎思勿躁。

●十謀九得，未必致功；一謀能洽事必成——謀當求成。

○平安致富，功德則壽；知足致富則情貴——勿求於妄。

●世路風霜，鍊心之階；人情冷暖鍛心性——非忍難濟。

○冷眼旁觀，心明如鏡；鬧中看戲勿迷情——察物易知。

●友交欲深，面必敬重；稱揚人前復贊襄——義感則長。

○橫逆不怒，變故不驚；受謗不辯可任事——慎謀能斷。

●明知其惡，不可急遠；故悉其善當緩近——躁必易毀。

○人非練達，難御於物；不遭巔沛難器度——識宏於學。

●悖行悖德，自作於愆；利人人利相酬還——種瓜難稻。

○人非於病，難悉其味；不經窮困難知況——歷廣則明。

●說謊人鄙，做假人臭；恪守本分盡於職——敦品力學。

○天欲福人，先假以儆；天欲殃人以喜驕——心常懷懼。

●認命不凡，心傲絕眾；自視其高償以孤——眾棄無己。

○辱人難堪，反受人辱；傷人過甚必反傷——留餘則德。

●人言名利，大小以淡；是非於言處以平——論學以靈。

○迎人以善，人必以親；迎人以惡易干戈——接物以和。

●人略事略，時略地略；無略豈功謀以略——略成於胸。

○體之弱點，在於腰際；人之靈驕為其疾——能知易處。

●政治經濟，軍事外交；概言於略策於謀——不謀則昧。

○萬惡之害，莫逾嫖賭；入彀雖脫家蕩傾——嫖染毀身。

●識人識事，識時識地；人非明識何以雄——成敗在識。

○惟忍有濟，能耐則安；藉以愒勵知奮勉——勉必能樂。

●世態稔熟，人情則達；學通識明天機亡——興衰則察。

○氣忍以動，財審以取；衣慎以脫則無損——能思則益。

●假貨欺人，止傷人財；假藥欺人害人命——其德尤損。

○邪正之交，遷失從速；利害之會勿太明——行於衡度。

●持身涉世，貴於自信；流俗毀譽不染心——自立則強。

○人美於言，心有所求；態度於常必有謀——當審以應。

●非以己意，量度人心；人不露跡難於測——先言必失。

○人不失足，則譽不敗；行不失色名不損——失言則污。

●棄於人言，自逞非能；剛愎自用難和眾——博採納言。

○心誠色溫，必能動情；氣和辭婉易感人——粗戾必敗。

●假謗洩憤，借力整人；正語提警相規勵——勵必以德。

○諷諭於我，心必知愛；和顏於受當有益——拒駁非智。

●擇先於交，故鮮寡尤；交後於擇則多怨——交必以慎。

○俗子凡夫，可為豪雄；能修聖賢進佛神——神必度世。

●儒主入世，孝悌為倡；釋秉超塵以渡人——人本超化。

○仙佛無門，惟人自修；將相不生有為當——當必德才。

●平實做人，忠誠為先；言行有則不虛妄——妄生必狂。

○與友論交，必以誠信；和人共財當守義——不義難共。

●佛鍊涅盤，道修金丹；儒守心性得證果——果分苦甜。

○人善不積，難論崇教；心惡不除必滅身——身亡遲悔。

●暗行陰善，必受陽報；心存陽惡遭陰罰——罰必魂獄。

○生異萬物，歿同賢愚；養育奪杜還真機——生化老死。

●靜坐法訣，凝神息念；無空寂照心不存——意存難靜。

○家務碎瑣，莫認為苦；世事俗情須本樂——樂以忘憂。

●天固為大，無人必小；人雖小天明大天——天人母體。

○冥冥宇宙，宰必天帝；朗朗乾坤主有神——神愛世人。

●人頂青天，天上有神；神宰大地生萬物——物養育人。

○坦誠溝通，化解誤會；狐疑猜忌恨加深——深宜解化。

●江中捉月，空費心機；山上捕風徒勞力——力用得當。

○道德綱常，人秉念世；真空妙有心脫俗——俗人難明。

●雲封千山，冰鎖萬嶺；漫天風雪望無艮——艮際無邊。

○藥效診斷，中西有別；人處事務性法異——異中求同。

●精不化氣，氣難成神；神不還虛難化無——無空忘塵。

○同寅同事，皆係造化；長隸親友本緣生——生當論情。

●智慧財產，分體軟硬；權既擁有不容侵——侵必人控。

○山仰豪氣，宅養靈根；心秉正義行本仁——仁以德歸。

●水中看月，清能見底；天上瞻雲不幻真——真必得情。

○寡慾去私，寧靜致遠；修身養性理宜明——不明難修。

●悟慧斷痴，用定除忿；明見性心道必通——通必得情。

○日月星辰，天心包羅；草木山川地能容——容以性宏。

●臨崖勒馬，免遭禍殃；放下屠刀立成佛——佛本覺悟。

○花岡秋月，溪山景幽；白雲悠閒傲霜雪——雪色潔美。

●知難守苦，當為君子；明險忍簿必英雄——雄不傲世。

○斜陽西風，傲骨幾枚；獨賞孤芳皎潔心——心雄濁世。

●假別人著，替他代籌；事能成功必獲酬——獲不失格。

○人道順生，難於超凡；天道逆成易入聖——聖以三寶。

●性似止水，淡如浮雲；大智若愚江海志——志極蒼生。

○高陽酒徒，燕水壯士；博浪鐵錐人中龍——龍必雄豪。

●羽扇綸巾，赤壁風雲；鴻門宴前看劍舞——舞影殺伐。

○心空道明，會悟玄理；性醇禪安洞如機——機悟必得。

●寄情山水，淡忘名利；笑邀藝林養真性——性悟於純。

○人做傻事，莫說狠話；水落必醜人格傷——傷人必恨。

●幻化人生，終當歸空；看破想開無煩惱——惱必命短。

○氣簿雲天，星月低頭；正立人世鬼神服——服必以德。

●廣種福田，天培地眷；多修陰騭鬼神欽——欽必證果。

○懷仁抱義，家有餘慶；存詐施奸財難享——享以德為。

●人都貪生，人皆怕死；人人想生人必死——不死必煉。

○五蘊能空，名利自淡；一塵不染般若圓——圓融必化。

●精氣足神，長壽得人；貪痴嗔有短命符——不符必佳。

○暗語誹謗，聞如刀割；痛詆人短知穿針——穿心必傷。

●戕身刀斧，縱慾體損；鑿眼尖釘貪名利——利使人亡。

○古董不古，情尚可原；人心不古罪難恕——恕須仁厚。

●千山仞壁，秀姑巒溪；萬丈石峰數東台——台灣寶島。

○潛隱華山，八年祈禱；護持中國危化安——安因極初。

●勝利將臨，奉示下山；雲龍至聖命來台——台民有福。

○天人媒體，心懷慈悲；立教天帝救蒼生——生當拯世。

●淡於酒色，方寸不亂；化於財氣靈性明——明因遠離。

○四季花開，蓬萊仙島；美景人生太魯閣——閣亭清幽。

●菜根香味，淡中有情；利害結友濃中淡——淡難義交。

○拜客訪友，址有明暗；人地生疏步行艱——艱於難詢。

●生活體驗，味有不同；處於人世明苦樂——樂必知樂。

○科技倡發，皆益人類；資訊工業利生活——活得痛快。

●寶劍豪光，一曲高歌；英雄豈可感悲秋——秋葉易凋。

○家積仁德，當有餘慶；行惡善無必致殃——殃於身後。

●逢凶化吉，人必有善；迎祥轉禍心無德——德以積發。

○非以文明，鄙夷報應；勿以科學棄天道——道通於神。

●白雲青天，不染於塵；閒讀詩書消俗氣——氣養於正。

○自不迷惑，無人能迷；方寸不亂孰可亂——亂必先己。

●聖人氣象，境界無限；能透天地入宇廟——宙無形相。

○英雄豪傑，江湖俠士；縱能叱詫僅氣概——概無聖象。

●德不越軌，義不逾利；氣化凡夫養君子——子可入賢。

○氣質變化，博地凡夫；君子風度賢氣局——局限難聖。

●天賦氣質，盡人皆同；秉於善根進道化——化必能聖。

○天地境界，尚有形相；宇宙六合難形容——容於無限。

●心為人宰，主宰萬物；物我一體體天道——道與天合。

○纖雲弄巧，天河迢迢；柔情似水佳期夢——夢喜鵲橋。

●道無形體，遠存於天；近存心內物廣被——被於無遺。

○恆星光亮，永照世間；流星驚鴻瞬間滅——不滅必久。

●霸氣逞強，得志一時；強取奪情難人諒——諒必無霸。

○狂風暴雨，海浪排空；人在舟中猶搖籃——籃中險多。

●龍潭虎穴，安危千鈞；韜光養晦明哲身——身保深沉。

○鬥氣逞能，有背人德；見利忘義悖做人——人本以義。

●臨危不救，自取其敗；將領失和同歸盡——盡因統御。

○戰場之上，步調為先；進退合擊必聽命——命令生死。

●道因靜得，俗由純滅；德高非貴在聖成——成於聖佛。

○濠上觀魚，焉知悲樂；山中聽鳥識喜愁——愁由心發。

●財大氣粗，造禍致殃；位高勢眾多積德——德重人服。

○遠聞鐘聲，近聽鳥音；仰觀星月心自閒——閒如白雲。

●人如執拗，爭必有損；性若負氣激必怒——怒發傷和。

○政要賢達，名流販卒；必交推誠心結納——納非等閒。

●愛國情操，人人應有；民族正氣不可無——無氣難雄。

○明鏡固懸，少訟為妙；理求公道可調解——解不互損。

●奇才異能，格於時勢；古今多少棄世人——人本達觀。

○隱於白雲，敢忘青山；駕鶴歸來境茫然——不然難仙。

●濛朧煙雨，銀花點點；清澗流水似仙境——境幽必美。

○秉公作則，權高慎言；身有正氣鬼邪驚——驚天動地。

●愛國秉忠，精誠不貳；竹帛千秋必留名——名彰其忠。

○正直無私，賞罰至公；一片丹忱示群僚——僚必效忠。

●消滅攜貳，甚於敵人；未察於前疾處後——後果難想。

○略朗詩書，自矜才智；事稍涉辦便詡功——功不自求。

●通達事理，調合人情；公私秉正無偏頗——頗難解紛。

○素喜與我，以私論公；素惡與我公論私——私不害公。

●巍巍聖德，日月共明；勳業蓋世天地久——久必人崇。

○智必聰敏，禮必謙讓；仁必惻隱心懷慈——慈悲救世。

●天生好人，世人皆善；人行好事無惡果——果甜味美。

○詩書雖古，子孫當讀；經訓縱陳必深研——研於去惡。

●科學昌明，人心不惡；道德日新世不壞——壞失綱常。

○物質慾望，名利食色；思想理想論精神——神生感情。

●興衰消長，悲歡離合；五光十色看世情——情生於緣。

○三綱五常，四維八德；人守其一可列聖——聖必神明。

●富不驕喜，貧不嗟怨；貴能謙恭卑不酸——酸多人鄙。

○綱常倫理，修身之本；四維八德以齊家——家齊國治。

●靈性脫體，黑白有別；魂魄離身分善惡——惡入地獄。

○天上神聖，閃閃白光；紫金光爍無量光——光照六合。

●肺肝失調，鼻塞目昏；腎心失養，龍舌疲——不疲必護。

○攻追勝易，防擊勝可；防退反撲，勝必難——難在掌握。

●東西文化，皆有所長；唯以中國史歷久——久必發揚。

○科學昌明，日以千里；發明研究重實驗——驗必有得。

●富國強兵，當本科技；尖端工業在人才——才堪勝任。

○高談出世，當盡人事；功學參禪道心明——明必性靜。

●道學不參，禪心豈悟；人無慧根難進佛——佛本慈悲。

○脅肩諂笑，非人應為；諸事奉承流庸鄙——鄙必失態。

●只唾穢語，褻瀆神明；巧舌誨淫人心惡——惡必人棄。

○心術不良，無警必殃；行事磊落得人緣——緣生人明。

●身藏聖水，分流愚賢；勞力棄腦子孫多——多因流向。

○白雲蒼狗，物換星移；江山無改人事非——非常變革。

●酒後真言，人無偽詐；城府快語心有別——別以儒俠。

○高陽酒徒，胸無城府；文斯飽學多詐虛——虛當應對。

●反調牢騷，誰聽也煩；高帽讚揚受人喜——喜必過憂。

○推心置腹，豪邁暢言；人無利害必坦然——然後心樂。

●問計詢謀，不審親疏；英明裁行論敗成——成必勳賞。

○人求表現，本於天性；自我拘泥因保守——守於明哲。

●簡在帝心，必贏賞識；人非德才難中樞——樞府機玄。

○不明詩書，人難練達；粗獷滅裂難通情——情達心竅。

●梯階有級，由卑登高；海上船航邇涉遠——遠必得渡。

○亢橫仇嫌，不除必敗；友孝敬謙行必勝——勝因心卑。

●生活調劑，精神舒暢；刻板機械人行呆——呆守不靈。

○以高處卑，謙德愈光；以上居下善愈厚——厚德受益。

●天光雲影，蓮香襲人；暮色蒼茫霞滿地──池中仙子。

○道在天地，處處充塞；動靜陰陽存宇宙──宙化於道。

●勤修族譜，探明本源；數典忘祖非裔孫──孫承統緒。

○四海宇內，無非兄弟；大同世界亨太平──平等相愛。

●人固分族，族雖立國；國存於世共載天──天下為公。

○世上教派，概別有五；儒釋道外分耶回──回天同一。

●血通髓海，氣貫尾閭；天地九五壽運掌──掌握玄竅。

○黍緬邊陲，強龍惡霸；命不如蟻刑亂施──施弱畜生。

●刑用淩遲，難謂人道；處無法治強食弱──弱常非雄。

○虧心濁飽，人當恥洗；守德清貧甘如飴──飴必食美。

●獸昧仁義，謂獸非人；人稱若獸必勝獸──獸無情術。

○兄弟手足，樹木同根；氣通相聯如骨肉──肉爛必痛。

●縱橫馳騁，天馬行空；疾風迅雷降神兵——兵威必勝。
○和善禮貌，易得邦友；真心誠實交良朋——朋比為業。
●利害衝突，當先顧義；鄙義攘利難做人——人言可畏。
○駕馭群眾，必以德才；統御部屬應有法——法以人為。
●世無我戀，物非吾有；放眼江山皆空色——色迷難逃。
○瑣事紛繁，忙猶風車；心無塵擾閒雲鶴——鶴野閒雲。
●父母宏恩，昊天罔極；人子不孝難報親——親恩似海。
○殺人被殺，野蠻獸行；文明人類非施暴——暴犯必斃。
●人具神通，非了生死；廣佈道德可進佛——佛法無邊。
○心能德化，人必快樂；迷信宿命生必苦——苦因被牽。
●千磨萬劫，歷固滄桑；夢幻唾棄歌人生——生豪死雄。
○率艦泛舟，傲視海疆；港灣美景任遨遊——遊子當歸。

●陸地名山，留有足跡；征服絕頂頭為峰——峰巔稱雄。

○兩眼茫茫，轉瞬髮蒼；歲月百年一剎那——那堪回味。

●生命內涵，豈論久暫；有功人類短必長——長留天地。

○廣識圖融，深究真理；探驪得珠登堂奧——奧妙必明。

●身如房屋，魄魂暫寄；體腐屋毀靈飛揚——揚於天地。

○改變人生，非止一端；花開花謝悟禪機——機緣隨生。

●迷信行為，猶條繩索；自綁手腳難動彈——欲彈必破。

○烏雲陰影，常繞於心；綑於迷信難光明——明必唾棄。

●虔禮宗教，緣求真理；出於迷信無自性——性難明朗。

○劍持智慧，斬斷情魔；手握真理除愚邪——邪必不正。

●千拙萬巧，不能悖情；飽學盡世為益人——人才人欽。

○固執守拙，人難苟合；執迷不悟終有悔——悔龍必亢。

●法天自強，畏天自修；養天自樂事天安——安於蒼生。

○格物致知，正心修身；齊家報國盡人道——道法天地。

●積功累德，救世度人；性命護修超凡聖——聖修天道。

○祈禱天帝，教施人心；化延核劫離寶島——島民向善。

●狼惡虎惡，那有餓惡；金好銀好沒飽好——好因無饑。

○三期末劫，莫過核禍；極救蒼生齊禱告——告解於無。

●佣金千萬，寒士不求；高樓縱多心不慕——慕必妄貪。

○人不欠債，難體冷味；年有三遷非選鄰——鄰友當親。

●人縱簿我，得人先厚；人雖不諒設法解——解必以誠。

○視老失敬，人必性獸；看幼不愛心難慈——慈悲為懷。

●一水飲人，但分冷暖；眾花經雨別安危——危因感受。

○國重科技，國必強勝；政行民主民智開——開必智高。

●世上物種，何止千萬；唯以人類靈性高——高必互益。

○冷水澆頭，猛然清醒；一語點破夢中人——人醒易破。

●人性私心，逾超公德；施以法令行教育——育化德公。

○憑欄獨坐，歌譜閒雲；酸甜苦辣一齊拋——拋向雲霄。

●醉於名利，不計終場；迷於財色弗顧亡——亡無要淡。

○紅塵萬丈，風波險惡；名鎖利纏難打破——能破必閒。

●茅屋松嶺，雲僧為伴；結廬溪澗展書讀——讀必心朗。

○人皆有慾，慾人人求；求互相爭爭必傷——不傷無慾。

●奇峰峻嶺，丹崖翠壁；桂林山水天下揚——揚遜陽朔。

○吉凶禍福，非關造化；榮枯得失看積德——德分祖己。

●儒以治世，道來濟世；佛為救世耶愛世——世人有福。

○抱仁守義，以誠立信；生平為善德潤身——身體力行。

●國家將興，屢現禎祥；朝代遞嬗呈妖孽—孽多必亡。

○劣跡藏身，當知警悔；行無污垢心亮潔—潔不狂妄。

●貧不鬻子，終必有發；窮不奪志才必展—展志奮業。

○萬物中心，以人為主；主宰萬物仍以人—人勝於天。

●天矯神龍，豪情壯志；連翻風雨人氣短—短不失心。

○宅處求安，身棲防盜；居安思危慮無患—患防無失。

●為人處世，存心渾厚；家人骨肉豈計較—義禮為先。

○人多積德，災殃必少；心嗜於惡無善終—種因於果。

●家中成員，恕以容忍；勸戒和言莫過責—不逞乖戾。

○快樂獲得，人非痛苦；他人難過己何喜—求安於心。

●人心不正，其行必邪；為事不端人必惡—不德必殃。

○夫氣成極，勿助於戾；委婉勸解怒必消—妻賢則貴。

●家勤則興，人勤則健；事勤則成貧賤遠——不勤則敗。

○既耕且讀，子弟興發；商賈於工詩書傳——習於科技。

●異族相侵，群起禦侮；奮志抵抗不作奸——奸羞子辱。

○待人接物，親切溫和；粗鄙言行人厭惡——難致於事。

●人沈不語，輸心易殃；悖逞之輩宜防口——率性以德。

○隙風襲肌，其疾在骨；冷言擊心表無傷——傷痕在心。

●工於論人，察己必疏；曲從苟合非所宜——德以省非。

○萬物之靈，非人莫屬；靈逾時空超物理——無疚靈潔。

●規過於陽，其效則反；勸失於陰則人感——婉言於誠。

○夫人之成，其在志強；憑才論能皆非宜——功於得眾。

●聰明於內，外逞厚重；智形於表易招災——事論於績。

○和諧於容，謙抑於氣；恭敬於德易處事——馭眾服心。

●處世從容，易生餘味；為人從容有餘年——緩急於意。

○師人科技，學必致用；固步自封難求強——自滿必喪。

●人望德望，資望才望；名望不足難為表——有望易業。

○親黨睦族，和鄰交友；理事處世難於闕——除非化外。

●人昧管家，難悉費昂；非親育兒難知息——能歷則情。

○忠孝節義，奸盜邪淫；遨古遊今論評書——書樂寓教。

●婦以貞節，行必以德；語婉以溫妻於言——潔容美工。

○妻柔於夫，其夫則弱；妻順於夫則夫強——共挽於船。

●寬先於嚴，則易招尤；嚴先於寬易知寬——樹威於德。

○人居於顯，集謗叢身；得視於淡必無疏——穩健於事。

●急躁輕言，豈可於謀；妄動浮誇怎言計——策宜得人。

○人重輿情，則事易為；輿論圍攻敵易摧——假勢為功。

●理不及明，難下斷語；事不至察，難定評──為學宜通。

○聰明叡智，守之以愚；功被當時，守以讓──有讓則得。

●勇猛蓋世，守之以怯；富甲四方，守以謙──強示以弱。

○敲皿聽音，知無損毀；人言聞語，識其慧──斷事衡智。

●千羊之皮，難勝狐腋；百隻之貓，難一虎──虎威鎮山。

○友無知音，事起易謗；交友於眾，擇知己──謗起仗言。

●明伐暗傷，製造矛盾；威脅利誘，離間謀──明於識破。

○做賊心虛，處處提警；身處危境，知命險──不險遠去。

●口無珠璣，俗氣滿身；粗語刺人，易遭鄙──鄙必自招。

○以理御氣，成德於義；以氣馭理，必暴戾──御理帥氣。

●鑑別於人，非形於口；善惡於心，析智愚──明必人忌。

○不懼忿生，貴在懲速；勝懲平忿，禍轉福──氣柔克剛。

●佛道忌嗔，氣發不柔；逆順失常易惹禍——當戒勿發。

○人之非愚，怒必絕緣；人若有智先治忿——不治易禍。

●嘉言益人，落身潤體；惡語損人易絡心——心必記恨。

○戲謔於甚，則氣必蕩；善於詼諧解僵嘲——詼諧於端。

●人面不飾，俗言謂醜；心地不真美易惡——內外當善。

○涵養太和，陶冶胸趣；調護於神舒煩劇——利時抽暇。

●明賊去易，暗賊難防；惡形易除心難測——人心多變。

○與食競勝，其命則蹇；同日爭起則壽長——貪睡必傷。

●身過於勞，其形則悴；心逾於逸則必懶——勞逸均衡。

○參悟心體，宜從夜醒；諳練世味明人情——俯仰無疚。

●聖賢豪傑，人皆可為；智昏體衰難逞功——志得儉慾。

○花箭射人，易損於骨；粉脂蝕心尤傷身——豈容深嚐。

●榮衛百脈，當寶精氣；辱於藏腑則多食——人違則傷。

○食於悲怒，欲消則難；飲於和鴨百脈通——知樂於餐。

●身體健壯，愉快泉源；心腦聰慧智慮全——形悅心爽。

○己不戕命，天何能奪；七情六慾逾則傷——有節命長。

●貪除則聖，瞋無則賢；癡去則豪捐私傑——養格於天。

○寧為稍饑，豈能過飽；睡前不食虛其腹——氣轉於身。

●策謀斟勢，免害於略；昧於納諫怎挽局——明鑑利害。

○凡氣皆善，暮氣最惡；才皆可用驕氣難——心傲尤鄙。

●五臟六腑，百疾之源；節食吐污病無生——清穢飲尿。

○感傷世情，纏擾於心；無名愁煩難抹掉——不掉命短。

●口腹不節，致疾之源；念慮不正易身殃——不殃必正。

○心力交瘁，易致於病；寬心舒體無疾生——勞逸適度。

●希望幻滅，氣餒非雄；道路重闢另尋徑——珍惜前程。

○衣食之誼，無情不可；人有恩惠豈忘德——非德難義。

●嗜賭好色，人必致敗；彈惡斥讒止亂源——戒慾正德。

○前臨強敵，後有追兵；勢處其中宜權變——變必求勝。

●情不被偷，人必客觀；心遭人感難理智——智宜情受。

○事退步想，海闊天空；氣忍一時延年壽——壽不爭氣。

●偷人情感，扮必逼真；賺人眼淚演須活——活判智明。

○路有千條，豈能全用；自己固來人要行——行不互涉。

●好勝必敗，敗難久勝；好榮必辱辱自取——取因人忌。

○大角星球，懸於太空；億萬哩程技難達——達非今生。

●遙遠天涯，涯仍無盡；宇宙渺茫無垠中——中難邊際。

○人生歲月，悠閑難得；世人知交老益濃——濃情不淡。

●人多讀書，可養膽氣；事少思慮養心氣——氣充體強。

○抑揚頓挫，語音鏗鏘；話言呈威褒貶明——明震人心。

●幼年無識，開導啟悟；家庭學校皆有責——責由親師。

○身病不醫，體必受損；有疾昧治易釀患——患待良醫。

●世上美景，由人建立；天堂光明在心坎——坎坷人生。

○老子化胡，若非以德；君難沐浴仁潤心——心經秉道。

●形像破壞，自毀前程；維護名譽德不損——損必無業。

○日既勞神，夜又傷精；人非鐵鑄體必損——損難身保。

●想習工夫，先學騎馬；欲練拳棒明跌打——打入內竅。

○孤陰不生，獨陽難長；陰陽調和雨澤降——降於室家。

●論能獨卓，語有層次；詩含奇氣文富情——情感立歌。

○貓守洞外，猶若禪師；鼠在抗內絕難覺——覺必不出。

●見好即收，是為圓滿；藉故拖延難收場——場合看清。

○玩弄群眾，事見表決；贊成反對花樣多——多不認同。

●天地萬物，生剋於成；利於人生剋人死——死宜化生。

○事講科學，繁簡宜明；物性究理必窮源——源頭當推。

●小不能忍，必亂大謀；英雄事業當宏圖——圖非較近。

○聽人亂蓋，不察必害；話出人口心明判——判於真偽。

●空間交談，以增友誼；相見不語情易疏——疏必心遠。

○團體當中，必有卓識；慧眼識明易代揚——揚必客觀。

●人際情誼，心感交流；濃淡遠近在運用——用於友結。

○性分男女，人為名利；生必勤儉活須動——動宜有則。

●享受生活，領悟幸福；珍惜人生須有識——識多智明。

○冷語熱諷，話因宜明；暗劍傷人行不德——德以助人。

●重岡複嶺，迷徑惑溪；灌木長林難曰月——月自隙窺。

○孤峰拔地，絕壁造天；瀑落雲中泉懸空——空際觀瀑。

●貪心明月，欲得難有；掌珠不失人必聰——聰不妄貪。

○該做則做，行必磊落；悖情強為必罪咎——咎前深思。

●年在髫齡，兄弟相愛；長大於婚婦言隙——隙無互容。

○一筷易折，眾筷難摧；人能團結力無比——比非單勢。

●大廈能立，師學工程；命運建築靠自己——己得人協。

○去膽固醇，宜食魷魚；血高心臟疾皆除——ＥＰＡ多。

●人信宗教，非由理智；科學證明難虔誠——誠於心教。

○天主耶穌，就在內心；心變天堂分明暗——暗必地獄。

●靈懷若谷，傾聽心聲；人有雅量判正邪——邪去正納。

○暗潮洶湧，隱藏殺機；引蛇出洞易擒捉——捉必得平。

●眼口眉貌，易被迷惑；世上萬般心判明——明以智愚。

○愛與嫉妒，孳生兄弟；有愛無嫉必完人——人本普愛。

●被人消遣，幽默以對；受人調侃不可怒——怒必無涵。

○參悟人生，不枉一世；為物執迷性易專——專必涵融。

●有心為善，縱善不賞；無意作惡惡不罰——罰簿於警。

○同窗情義，相交莫逆；親誼鄉鄰有損益——益必多往。

●寧忘於施，不能忘受；可忘於敵豈忘友——友誼千秋。

○嫵媚展露，暗藏利刃；製造假象使人惑——惑必受愚。

●心雄萬丈，人必年青；好高騖遠志四方——方步宜穩。

○人不怕窮，就怕無志；事不怕繁怕不做——做必能得。

●道家的道，儒的太極；天主耶蘇謂上帝——帝都在心。

○天堂在上，地獄在下；人把善惡分高低——低必無亮。

●喜愛買書，絕非浪費；長期投資識必豐——豐必潤德。

○不愛父母，難愛他人；忘報親恩獸不如——人知反哺。

●縱表無情，反報以義；雖然鄙義反以情——情融人感。

○心中上帝，勝於天上；上帝於天人心載——載必仁德。

●天雨山崩，路人止遊；峽谷景美怕地震——震必落石。

○宇宙之心，以人為心；乾坤之體本萬物——物以德生。

●身在塵寰，心繫山林；人忘名利樂陶陶——陶於自然。

○心理防線，擊破必垮；攻堅宜選迂側援——援絕易取。

●心氣不暢，必醫脈流；事有阻隔宜溝通——通必以人。

○明爭暗鬥，劍拔弓張；腥風血雨論政權——權得以和。

●陽於訓斥，易損人尊；陰派機要暗疏解——解必無痕。

○事忤於人，解必無恨；身藏暗疾不除發——發必難醫。

●守田無飢，積德不傾；擇友難損擁書富──富必潤身。

○人生歡樂，像朵鮮花；設非養善易枯萎──萎必易謝。

●用事意氣，必毀前程；失足成恨先深思──思慮後果。

○堅貞不渝，浩然正氣；歲寒松柏知後凋──凋非忠良。

●以平常心，處非常事；先本失敗易成功──功先易敗。

○君子之心，成玉人美；小人之念多破壞──壞必無德。

●無理固敗，有理難勝；輕言訴訟必危事──事宜私了。

○好好栽培，心上田地；靜靈涵養性中天──天心不昧。

●百花爭艷，萬物競美；世上求樂為讀書──書必得樂。

○少年夫妻，老來伴侶；中年立業需妻協──協不難成。

●石頭靈慧，出於天命；點化頑石悟道明──明於自然。

○救濟養老，院宜廣設；光說不練無真藝──藝須實功。

●話言適實，態表肯切；事握重點玉促成——成己成物。

○衣固常新，友須念舊；人有恩情不能忘——忘必無義。

●怨可以忘，情豈能忘；仇可以了恩難了——了了非人。

○表面月亮，坑洞荒涼；世上情人多伴月——月光迷人。

●無限天機，適度沉默；終日嘵舌必人煩——煩當自檢。

○忍力耐性，男難勝女；推動世界為利情——情可令死。

●衣新神氣，衫舊落泊；戴穿整潔舊亦新——衣新人舊。

○領袖群倫，口無戲言；樹立威信以正反——反無難立。

●衣冠固整，心應良善；表裏合一人須誠——誠於內外。

○佛法無邊，渡必有緣；塵緣未了難進佛——佛本於心。

●話鋒一轉，分合為一；以利相誘各別用——用必符義。

○千策萬謀，不能彰顯；存妙運心用必神——神機難測。

●人跌倒了，自能站起；生命花朵必更艷——艷當生輝。

○先食黃蓮，始知味苦；後吃甘草方明甜——甜宜穩嚐。

●教養有道，世難枉才；鼓勵得法無鬱士——士皆可展。

○任使有方，人無倖進；謀劃得人事皆成——成必立業。

●無國王孫，落泊英豪；戰敗武將難言雄——雄遭犬吠。

○全能上帝，智創一切；人費心機用萬物——物非役心。

●丟人現眼，醜態畢露；狼狽窘狀令人憐——憐必慰扶。

○日必反省，以明善惡；善必多行惡立改——改不必毀。

●人到七十，該往回走；原路前進站不遠——遠近由人。

○耿耿歲月，易催人老；忘掉年齡學少年——年年快樂。

●為德不彰，彰必人鄙；作惡故隱孽必重——重當立悔。

○愚者言多，智者擇少；智者言簡愚難悟——悟言於少。

●天若生鳥，地必有虫；人如出世必有食——食必勤耕。

○寧折十廟，不破一婚；玉成人事不可損——損難謂德。

●國有疆土，始謂為國；人無產業難立世——世情重值。

○人生於世，先言奉獻；只取不予難謂人——人當為人。

●先憂於世，後樂心安；天下不寧自難寢——寢食無味。

○撞擊腑臟，再生機能；側捶兩腰腎氣足——足必體健。

●惻隱羞惡，人必同具；恥讓是非心皆有——有必性善。

○不學而知，人有良知；不學而能必良能——能分先後。

●世界浩大，宇宙無限；時地不同性人異——異必天賦。

○人不怕窮，怕認命苦；事不畏敗畏氣餒——餒志難起。

●群策群力，有事共協；合作無間在人和——和衷共濟。

○事求蒼天，不愚必昧；理明科學探物源——源流宜究。

●心託神明，以求忍藉；感格於天呼必應——應於虔禱。

○天與人合，道與命合；人與道合天道合——合得人悟。

●道何不行，釋謂積業；耶曰罪惡孔言命——命不怨天。

○九十不老，百歲哈笑；八十還小七十坐——坐在搖籃。

●肝腎功能，務使強健；心脾胃腸應必康——康不污腐。

○恩怨仇情，一筆勾銷；是非黑白皆應了——了無牽掛。

●樂的味道，福的滋味；祿的品嚐壽的享——享看人間。

○擁資超人，當福眾生；身貧如洗應潔心——心智力勤。

●生的快樂，老的享受；病的排除死的安——安於自然。

○懵懂歲月，難謂人生；事明洞達知情理——理通天地。

●風寒集心，新舊感冒；老薑數片煮水飲——飲必除疾。

○世路風波，翻覆莫測；處事待物讓必息——息則無波。

●氣度從容，事處和平；心性淡泊無嫉妒——妒非人心。

○核塵擴散，危害人類；氫彈爆發世燬滅——滅必共棄。

●青天白日，朗朗乾坤；宇宙太空滅無極——極地冰天。

○狂風驟雨，風雲異色；冷暖陰晴霜變常——常難人生。

●植物生魂，動物覺魂；人但生覺有靈魂——魂具明悟。

○人無衣食，難明榮辱；庫有儲糧知義禮——禮存於足。

●素食長壽，多吃豆菜；葷餐命短少呷肉——肉肥脂多。

○腰增一寸，命少一年；肥減一斤壽加多——多無負擔。

●道德不離，觀念以外；修齊都在起居中——中規中矩。

○靈能引和，靜可生悟；仰以察古俯觀今——今宜明古。

●花香難及，書香久遠；世味無如道味長——長必宜品。

○千尋學海，深淵無底；一色長空豈染塵——塵世多濁。

●樹德心田，家常種福；香浮學圃盡鋤經——經詩傳承。
○佛在玄中，當悟妙諦；教從道外溯真源——源頭宜明。
●靜觀物理，宜須參透；體貼人情當入微——微中得竅。
○能提能放，英雄本色；事臨肩頭看擔當——當處立斷。
●危疑震撼，處變不驚；叢謗集身清無濁——濁必因污。
○盛氣凌人，表服心疑；和靄悅人多願親——親必人近。
●造命在天，立命在人；本立道生多行善——善積陰德。
○香椿乾根，水煮湯飲；去污排毒臟必清——清腸疾難。
●人有良師，尚需益友；孤陋寡聞難立世——世以得情。
○友謂於益，直諒多聞；誼言於損辟佞柔——柔非剛強。
●澄靈若谷，靜養如山；心懷萬里氣猶虹——虹彩長空。
○神龍垂雲，海水倒立；天馬行地塵沙開——開必飛揚。

●事能知足，心必安泰；人到無求品自高──高風亮節。

○萬馬無聲，秋劍月寒；一鐙有味夜窗書──書劍為雄。

●人立大節，存志千古；蒼松杉柏百年青──青山永在。

○修身豈為，名傳於世；作事惟思利及人──人感必德。

●去惡向善，安於順逆；明心如鏡無雜塵──塵染不明。

○人生禍福，非由天定；吉兇善惡看人心──心好無兇。

●財逾其份，受必難享；位越其才不堪負──負必心苦。

○物忌全盛，事忌全美；人忌全名學忌虛──虛必無實。

●人善不積，豈足成名；罪惡無有難滅身──身清必白。

○與人為善，無人不善；成人之美事皆善──善積得福。

●發愛存心，及必仁慈；勸人為善心必美──美人美色。

○救人危急，神必賜福；捨財布施子孫賢──賢因祖德。

●興建大利，為人除害；榮除惡俗民成德——德世流芳。

○論古談今，當審同異；時人短長豈列評——評多是非。

●心事無限，當置身外；人明生前杯有窮——窮白亦樂。

○香椿樹根，一斤煮水；當茶飲用身去疾——疾除必強。

●海平航線，臚為羅盤；人生明燈必知識——識豐則亮。

○天非造生，地難埋死；人生於人應長生——生必究道。

●人是人非，何須再問；花開花落自關心——心向自然。

○人間是非，向來難惹；塵世繁瑣不問無——無心無則。

●病在兒身，疼在娘心；天下父母皆愛兒——兒疾如疾。

○恃才傲物，難成大器；持能自驕終落敗——敗因滿強。

●智慧明理，前程有望；恕人謙虛必受益——益得人教。

○受制於命，必為凡夫；命由人造是英雄——雄應行善。

●相由心生，命由己作；禍福無門人自召——召非天禍。

○一切福田，不離方寸；從心以寬感皆通——通於神明。

●萬物之靈，天地之德；天命之性發於善——善生人心。

○人感於物，好惡以成；不能反躬天理滅——滅必人性。

●有相非相，餘卻無餘；言下言了夢說夢——夢必兩虛。

○事有心情，皆可能成；心不熱衷絕難功——功由力就。

●心性人具，不明難捉；欲知其情先挑性——性悉易處。

○抱著希望，就可有成；心存失敗不會功——功力自造。

●一犬吠影，百犬吠聲；三人喊虎眾街驚——驚必同鳴。

○情緒不穩，必有心結；言行失措性異變——變因事逆。

●發現失誤，設法挽救；事經檢討必有錯——錯應立改。

○不種於因，難得於果；為善不彰必獲福——福由善積。

●湖山蒼茫，碧水盪漾；結廬溪邊好吟讀——讀易解憂。

○天育萬物，以人為貴；人應以德報於天——天不私覆。

●智慧悟性，天賦特高；暢語哲學倍於人——人人必明。

○昧究哲學，無以為人；不明科學難識物——物理應通。

●食不油膩，衣勿華奢；住非金屬行簡從——從人所宜。

○一語激怒，烈炎猶火；三寸巧舌芒若劍——劍光逼人。

●車水馬龍，街市煩囂；社會工業怕尖峰——峰必塞道。

○人秉公道，必獲共鳴；言出良心人聽崇——崇因不昧。

●先天善性，後天欲性；人欲太過生罪惡——惡多生貪。

○人生愛靜，本於天性；感物生動因有欲——欲過必惡。

●以力助人，不濟莫損；人遭困難伸援手——乎出必感。

○暴君流賊，行若哈雷；聖功仁德千秋傳——傳必歌頌。

●陰助一語，神聽若雷；陽損一句鬼必恨──恨當寬恕。

○落入塵世，難脫現實；進於空靈境界美──美心悅目。

●禮上往來，誼守於情；義行本分不夾謀──謀有非禮。

○地轉天旋，腳輕頭重；俯視宇宙探月球──球岩千瘡。

●太空蒼穹，浩渺無極；月宮漫遊尋嫦娥──娥皇無稽。

○促進生命，知以求識；設無人生識值何──何為於人。

●人生利器，唯有知識；知識逾明世物毀──毀於科技。

○食無定宅，衣少置櫃；住於人簷行步車──車資有免。

●人既能放，必定可收；收放自如心必閒──閒雲野鶴。

○環境窄狹，視界必短；井底牛蛙不知天──天遠地長。

●放眼雲天，胸襟必闊；瞻望四海心開朗──朗暗在心。

○人無氣量，猶樹乏根；事不包容必弄僵──僵局宜解。

●窮的滋味，病的苦境；事的波折人領會——嚐盡人生。

○看人受苦，心必惻隱；心有惻隱人慈悲——悲與人連。

●人必論情，事當講理；物宜盡性天下平——平心則和。

○投機取巧，不能權宜；腳踏實地成功門——門道須明。

●鑽研科學，僅獲知識；究明哲學必智慧——慧心通天。

○青春美色，綻猶曇花；人世光陰若南柯——柯夢宜醒。

●驢用於磨，狗擒於兔；弓射於鳥發其力——力用以時。

○卸磨掌驢，兔死狗烹；鳥盡弓藏皆非德——不德何仁。

●智用於人，順時以發；逆理於動則人愚——謀用必當。

○人工於字，美藝有別；能妙聖神各千秋——入品則善。

●人皆有短，應改以短；其短愈護終有短——能改則聖。

○人皆有長，應隱以長；其長愈長終非長——矜必易忌。

●人性之短，易被人用；用非以惡則為善——非善必惡。

○人性之長，固被人用；用非以善則為惡——非惡則善。

●非恆難讀，非志難研；非識難選別取捨——書海浩瀚。

○選讀固易，潛思則難；非有毅力則難全——精通則明。

●非力於學，無以立身；昧以精研空力學——學為立本。

○書之讀法，在於選篇；瀏覽精讀各有別——善必精研。

●隱不讀書，無以自戕；獨居於室書伴隨——心靈不昧。

○與人交言，知其所學；處之以事測智能——能事必明。

●人求於學，易明於理；昧於求學理難解——學通情達。

○人博於學，得審以問；能慎於思易明辨——篤之於行。

●人不患學，患不知足；不患於足患於止——人止必退。

○學以漸進，急必無功；急於進速則易退——學本精研。

●學精則智，昧學則愚；治之於學則不亂——德業於成。

○心術不正，其德難端；為學不深識必淺——難望致業。

●無學人貧，無志形貧；雖富無學必心貧——貧無於志。

○人畏於懲，因禍以隱；挾罪遠揚心難安——安必守法。

●扶之於弱，抑之於強；拯之於溺救於危——人性光輝。

○人謀於時，行發於事；古今正反有人評——秉筆以正。

●百忍堂前，萬花競秀；蘭亭重輝耀門庭——滿院錦簇。

○舒展於德，秀發於中；愛心仁慈照千古——善以人舉。

●既為人雄，競非於艷；孰教秋霜百花殘——德心純厚。

○陰於察言，陽於觀色；週旋肆應長容忍——知訣逞勢。

●文人不痞，行必守操；武人不泯心必忠——文武以節。

○山林幽靜，街頭喧鬧；境界不同情亦異——利名市朝。

●久交於書，習必成染；結之於人分善惡——擇益以親。

○人之氣質，變化本難；久親於書質可變——書通於理。

●人生之樂，莫如讀書；久於鑽習必明理——理通於哲。

○貧而遽富，行必易妄；富因遽貧難適應——守當以常。

●相處以久，易知長短；君子之德揚人長——小人暴短。

○人不靜思，無以明理；事不知竅難通情——悟撥即解。

●志於大事，不慮小節；計利目前難遠謀——恢宏胸襟。

○思之愈明，明必愈精；慮之愈遠則易精——謀之宜全。

●凡事之成，慮之宜詳；謀之於眾斷貴獨——行必當力。

○無益之友，難相切琢；曰近邪非相誘污——友以輔仁。

●叡智興邦，識集於眾；狂愚誤國多自妄——智非妄發。

○人善理事，宜衡於情；排除環境不為左——處之以明。

●學識經驗，養於平時；處於危境志不亂——膽發於勇。

○人非堅忍，無以成事；佑之以力虎添翼——謀用以勢。

●時間於勝，孰以堅持；成功當前期不遠——考驗於人。

○生之於世，無時不學；事必於習始易明——明理易通。

●困境於人，恆以沖天；有因什地當奮起——起於志堅。

○理想抱負，當以真始；善為歷程美從終——終非惡結。

●敗成當頭，固有勸脅；非決於人仍靠己——明斷取捨。

○處理事故，排除等待；劍及履及非推托——托必誤事。

●善御於人，先御其氣；其氣能平眾心安——將人之道。

○人詐於人，莫形於言；有侮於人別動色——非聖難為。

●人本一慈，春風滿室；事發一怒夏月寒——仁與非仁。

○行惡則妄，其面必憎；作詐則靈其行詭——察行知心。

●結交益友，足以養德；誤交害友則傷身——慎以選人。

○世上之事，在於人為；波折損志非丈夫——有恆必成。

●人能知足，可以遠害；得之於非必生咎——禍生於貪。

○凡物之生，必有本末；事之起落分先後——究明以理。

●人之於學，先目於耳；明悟於心行以身——不行何學。

○學不治事，則學無用；昧於析理則必愚——修己則治。

●過於老實，常受人弄；非明實難示以誠——實非於愚。

○事非精明，難顯幹練；人不達情事難諧——事成於人。

●非以名爭，不以利取；懷抱於仁義當先——道本於德。

○利祿於人，莫患得失；富貴於人勿貪切——耕耘以時。

●人能少言，足以養氣；少觸於物宜養神——節慾養精。

○人不憤恨，可致養性；事不嫉言足養神——德發於平。

●呼氣於外，排盡濁物；吸氣於內閉運身——行必得年。

○事勞於身，身勞必傷；氣鬱於心心必害——害必生疾。

●人生於世，害於一矜；事畏於悔可彌罪——痛悟可聖。

○欲擒於首，先降其心；魁心能服餘何言——心以德發。

●政若魔術，治如演戲；台前幕後任若行——真非於假。

○病嫌客滿，貧覺子多；愁厭事煩心難樂——無樂則孤。

●養性之道，在於一耐；憂苦情愁非耐難——無耐難養。

○鍊識之道，權變運用；體會於心則識定——無識難發。

●鍊膽之道，涵養剛氣；氣充於心則膽定——處變不驚。

○人不相較，難知其短；事不相處難明長——德容於短。

●廣識博知，言談有物；為人風趣易與處——不計小節。

○嗜於音樂，其性必柔；愛於劍戰性必強——知書識理。

●非有至德，無以感人；不抱至性難中情——以心結心。

○非通情理，難交其心；昧於明達不知人——心結以情。

●依親子媳，宜當睦處；養兒防老今非昔——洋親難依。

○自古婆媳，皆難相處；況於中外境不同——同俗易依。

●非有大智，難察機微；不具慧眼難英雄——先明於己。

○自謗妙訣，得於無辯；止怨方法以無事——本於正恕。

●能正於身，言令必行；身不於正徒空言——正本以剛。

○祿過於才，其位則削；名逾於實其名損——符之則久。

●勿以己是，而折人非；別以己能論人愚——相誘則服。

○存德於言，積德於行；心念於德本於善——非善必惡。

●傲為惡魁，詐為德賊；媚為行醜諂為鄙——本正於事。

○迷壞於人，莫過財色；酒後失性終非器——氣粗則躁。

●縱己之慾，其禍難容；心存害人惡難隱——德存於善。

○人若自責，則天清靜；人如相斥世無寧——不寧必亂。

●事非協力，無以統合；人去私心皆可成——當本於公。

○禮以和人，言以繫人；情以達人通於義——非暴待人。

●人不奮發，則志曰頹；行不檢束心曰肆——言必以物。

○惡念一生，則天丕變；善心一發則地泰——格於方寸。

●聽瞧於人，自染晦氣；啞聾於人常得益——益必無窮。

○勇猛剛強，當戒於暴；仁愛溫良弁無斷——斷必以剛。

●天地之心，以人為主；萬物之主係於心——人宰宇宙。

○修身宜靜，避強於順；處窮以儉富宜仁——守變不變。

●榮位之得，非類矯作；以學實業樹功績——不假於偽。

○偏位於人，易為奸欺；自任於己氣易使——剛愎難成。

●以己之長，以形人短；以己之拙忌人能——皆非人德。

○心地光明，如日之升；德容於眾則人敬——不患無達。

●職無尊卑，格有高低；器有宏微量人業——業必以學。

○長嘯於天，聲若虎狼；心雄萬丈爭朝夕——狂妄必敗。

●含沙射影，指桑罵槐；影射於人事不明——明必難諷。

○人於年少，易結知心；肝膽相照患難情——純潔易交。

●人固無虧，行事光明；罪多於人炸彈伏——淨罪以德。

○夜不交睫，食難甘味；心情落寞神不定——忘憂則安。

●人之失挫，得於傲滿；身之病源起於臟——除氣換新。

○愚蠢之人，去安於危；明智之人禍轉福——勢於人為。

●涵容待人，謙退保身；安祥理事處世訣——德業於成。

○人生至樂，莫若靜讀；事能洞達易明哲——悟於理通。

●富而教子，當重以德；窮而教子首重節——窮理富義。

○家成於刻，絕難久享；德成於家子孫賢——賢必忠孝。

●乖舛於親，倫常淪喪；荒謬於情世必鄙——鄙難立世。

○人無理念，難言修養；昧於養德必於驕——驕必難業。

●待人之道，以誠為先；修已不誠何言事——親疏必遠。

○怨天尤人，心必抑鬱；涉世不德難保身——尤難成事。

●師生之誼，父母之恩；手足之情友愛義——義明必協。

○欲得名譽，須品力學；善養行為律生活——得業於勤。

●勝之於懼，敗之於忽；懼為福種忽禍胎——戒以致勝。

○事之成敗，基於精力；元氣充足業必功——年少必保。

●自由於人，猶如血液；循環運轉無阻脹——人阻於法。

○鳥飛林中，海闊天空；爭籠之雀空間窄——縶馬難馳。

●人無機心，友必易處；事乏誠心必難果——困得於誠。

○人以成軍，國之干城；訓練作戰在制敵——發揮組織。

●軍之所集，八方英豪；施以教育成勁旅——統一意志。

○軍以有法，德威并施；法以仁濟軍容盛——盛必制敵。

●著重精神，否定物質；心性理念定一切——唯心看法。

○軍有組織，宣傳保防；福利監察與後勤——運用編組。

●情報靈活，機動為先；勝敵至要敗不餒——主動彈性。

○民主法治，集權人專；寧棄於暴人守法——法由民立。

●塞外寒沙，曠野蒼茫；無語青塚漢宮衰——昭君和番。

○虔誠瞻仰，彙夜人潮；中正堂前念蔣公——達表崇敬。

●爭斗清算，相互結怨；挑撥離間教唆行——共黨操縱。

○一片謊言，時久揭穿；思想控制行集權——終必敗亡。

●台灣寶島，四季長春；民豐物阜衣食足──蔣公德政。

○勤政愛民，為國辛勞；枕戈待機復山河──經國抱負。

●大陸塗炭，寶島天堂；國仇家恨志湔雪──毋忘在莒。

○夕陽殘照，漢家陵闕；咸陽古道憶寒窯──寶島懷古。

●金馬台澎，屹立東海；生聚教訓志復國──國必重光。

○金門蝦皮，大蔥香菜；麻油醬油併合食──常吃體健。

●半斤烤鴨，中午佐餐；鯉魚蔥薑晚炖湯──精強力壯。

○金谷洞前，同窗共研；曲江池畔度寒署──業各千秋。

●王曲韋曲，曲江池頭；三十三年共映雪──六一卒業。

○日寇肆虐，潼關危急；組隊赴援奏奇功──各奔前程。

●官校十八，隊總二二；甄別降期多波折──投入抗戰。

○毛政背道，違反人性；稱兵作亂竟沐猴──天理難容。

●國家命運，個人前程；溶於一體息相關——榮辱與共。

○總統府前，中正堂偉；紀念蔣公豐功績——全民永懷。

●劉顧諸葛，三請始出；寧靜致遠淡泊風——善養其德。

○書中黃金，人當價購；富貴宜仁子孫賢——付出心血。

●宋朝包拯，承制圖龍；修於吏法天下清——震於古今。

○懷琴過橋，行路以曲；素以情欣悅心田——田中必美。

●情如緊張，懷鈴心悅；佩戴華冠人生樂——樂必難得。

○韓於春秋，振動戰國；方圓千里稱霸雄——雄必留芳。

●崔氏前門，歷來肅莊；雲山難掩英雄慨——教子以方。

○韓信將兵，多多益善；丘嶺岡阜用奇謀——謀明難勝。

●寶島台灣，自由民主；團結一心與中華——華夏千秋。

○國人飲茶，醒腦提神；常飲烏龍防癌疾——清除脂肪。

●毛政殘暴，整人法巧；編織罪名任擺佈——排除異己。

○蒜頭功能，除疾良多；奇跡清掃膽固醇——淨血殺菌。

●躍馬中原，光復神州；功同日月救蒼生——跨海西征。

○皖北故居，潁上縣城；潤河集前有祖名——讀耕傳家。

●自古山河，素歸漢有；蒙塵一半豈甘休——誓復神州。

○笛聲幽怨，楚兵警魂；張良吹散霸王軍——心戰攻勢。

●重視物質，滅絕理念；機械人性毀其能——唯物觀念。

○人具精神，尤重物質；輝煌生命發其能——唯生論點。

●劉與項爭，貴在稱王；庭前受賀始知尊——功狗不存。

○項羽縱霸，終敗於劉；鴻門仁慈難論善——烏江綺思。

●項不弑劉，寧刎烏江；為仁何善齎志亡——遺恨千秋。

○蚯蚓霸穴，神龍輕天；大鵬藐空人雄世——世人積德。

●身經苦難，憂國愛民；十億同胞盼王師——師令蔣頒。

○金門雄偉，民主前哨；眺望大陸近咫尺——海上長城。

●閩江口前，馬祖列島；枕戈待旦做跳板——敵必喪膽。

○澎湖風沙，群嶼環峙；銳意經營變綠洲——軍事要塞。

●列祖列宗，宗族民族；民族文化歷史久——勿做敗類。

○父以傳子，子傳於孫；孫又傳子子孫綿——綿延不絕。

●心淨清澈，處斷果明；曠達誠懇善御人——人多心附。

○事非毀譽，難動喜怒；不以恩怨決榮辱——守志則功。

●友雖知己，時有非洽；反求諸己歉謝過——非容則忍。

○世人之善，應己之善；他山之石可攻錯——錯無必善。

●容人之度，非言自高；虛心坦壞宜謙誠——豁達大度。

○沉溺酒色，志節易喪；貪利忘義必爭功——功得以德。

●理事秉政，賢才為先；治軍練卒武德明——識器雄略。

○政行無術，何以明治；權不以軍豈可將——誠為前鋒。

●兵臨敵前，非詐難立；軍取於勝得以術——成敗在將。

○人心奥妙，道心危微；昧於危奥事必頹——洞明情性。

●仁以論政，義以言戰；節以定人識論世——無識難言。

○狂風驟雨，驚濤駭浪；水寒潮湧險易生——無舵必港。

●語穿心兵，傲睨諷刺；陰謀暗算昭然揭——毒計難逞。

○輔車相依，唇亡齒寒；銅山東崩洛鍾應——動關利害。

●盤天巨鵬，志在挈物；心懷疑怖暫迴翔——俟機在挈。

○親仇不一，怨恨交併；黑白難分是非淆——非狡必混。

●駿馬追雲，駑馭則難；蛟龍潛海望洋嘆——器御異能。

○雪壓寒峰，壁立千仞；峻拔孤峭拒群崖——傲霸必險。

●前門臥虎，後院有狼；逐虎驅狼處境安——非力必術。

○善欲人知，其善不賞；無意為惡過不罰——當審動機。

●使乖弄巧，善言惡行；忘義背信二三德——非敵難友。

○吃少味濃，食多傷腸；暴飲強灌胃必損——損必臟疾。

●富以潤屋，德以潤身；仁以潤心口潤言——無潤必惡。

○學以潤德，衣以潤體；土以潤物地潤水——不潤必險。

●勤勞養身，淡泊養心；心身泰然健康臨——戒絕惡習。

○錦衣玉食，未必稱福；安富尊榮易遭頹——性淡樸實。

●勢成騎虎，欲罷難休；權衡輕重相讓平——不平必傾。

○非通接觸，難予認識；培養感情在運用——人際微妙。

●擁有幸福，未必幸福；體會幸福必幸福——貴在人享。

○事在得意，勿稱得意；自認得意人必惡——人心善忌。

●九層之台，起於累土；泰山之高碎石積——積少必多。

○千里長途，始於一步；九仞之山起於簣——簣必於一。

●發奮忘食，困勉力學；積研不輟愚必智——智得於學。

○戲法人變，各具巧妙；事由人為法不同——才與非才。

●學不致業，猶錢無貨；問不求明望無嘆——嘆無網魚。

○理通四海，誠感天地；義薄雲天仁為懷——懷於立世。

●省悟夜靜，助思於明；聖人尚過況幾人——心惡難省。

○浮躁輕語，於人至鄙；言重如山受人敬——浮言易失。

●人難全美，無偽則真；至求於善非稱完——盡力於心。

○窮於當令，達於千秋；人生際遇難求同——得失在志。

●官途迷惘，莫逾權力；峰巔深谷風險多——非淡難悟。

○不機於心，難動於容；非形於勢敵難摧——格敵於謀。

●戰不言勝，豈可言戰；攻不得克怎能攻——勝敗無全。

○心無物欲，神安身泰；捐棄名利可成仙——有染難除。

●不主於心，怎動於形；捨棄機先難制敵——操戰在我。

○用兵之法，好謀必成；臨難使詐足卻敵——真偽明辨。

●天下縱安，忘戰必危；雖無名爭暗斗烈——知危則存。

○考場決智，會戰鬥謀；戰場競術工角技——無學難勝。

●不親己親，無以親人；人不忘本終有成——能親則人。

○人於事業，在於自求；依賴於人難望功——假勢則易。

●殺於天下，民必以賊；危禍於世人必誅——非仁難附。

○吝人於汗，則必流血；耕耘於前必穫後——不種難得。

●反哺未歿，盡孝於生；風息樹靜順當先——報恩親情。

○秉諸於道，變化於術；因應時會業不朽——種德必成。

●以術制敵，敵必易摧；推誠為友易奏功——德化於敵。

○人積於德，鬼神皆敬；危害於德天地誅——積德必壽。

●保持無過，力謀有功；秉諸原則明立場——認清事物。

○處世無難，驕奢必起；身乏隱疾負慾與——無戒必矜。

●推理析疑，遇紛排解；折衝尊俎游刃餘——縱横明正。

○善行多做，莫問前程；陰德廣積不計果——積惡必毀。

●秉賦優異，擇善固執；冷靜理智情純真——卓爾宜群。

○當言不言，必易失人；不該而語則失語——適言於時。

●動關天心，靜關道心；視關人心聽關情——行關史心。

○燭光照人，蠟盡無悔；得人關心是福人——知關感心。

●偏聽生奸，獨任成亂；兼聽則明事易通——不聽必昧。

○勤以補拙，儉以養廉；嚴以律己寬待人——德術兼修。

●心定神旺，理順氣溫；靜凝不移立身清——持正不阿。

○德勝於術，秉於理念；術勝於德論策謀——仁恕潤心。

●佛法心通，并世英豪；成敗一般皆畫餅——非化難通。

○人間國手，滿盤勝負；江山無限看著棋——舉棋當慎。

●帥才天生，敵術必剋；將有良才尊孫武——武將必究。

○施無法賞，懸無敵令；將臨於陣得破格——非勝則亡。

●智勇於將，將必得勝；謀算於敵必奏功——功得於術。

○魄力神威，將無弱兵；厲潛陰違戰難勝——勝必合力。

●帶兵練卒，統軍處事；快明果決具機敏——權變因應。

○畏將如敵，律軍可勝；敵畏於將氣可懾——將必通權。

●將如無能，軍必易潰；善戰之卒靠將才——勝負不亂。

○軍令如山，非令不易；形隨於令如臂指——指於權變。

●攻守自如，進退有法；前後左右分主從——陣亂必敗。

○兵畏於將，戰必能勝；軍畏於法必克敵——將弱難敵。

●彩馬殯車，併行於路；人生旅程須逞虹——虹先映人。

○立天之道，陰合於陽；立地之則柔容剛——人秉仁義。

●孤陽不長，獨陰不生；陰陽相交化理育——陽賴陰補。

○天地絪緼，萬物化育；男女媾精人綿延——參天化地。

●形上為道，形下乃器；化裁謂變推行通——舉措必業。

○藥苦醫病，良言逆耳；逆言諫陳必諍友——善惡當感。

●生老病死，悲歡離合；起落升沉人世形——達觀人生。

○得失榮辱，窮通蹇達；貧賤富貴世間情——樂觀奮鬥。

●論貌取人，常失於逆；以才為先易失心——才貌無全。

○做人方策，宜定於腦；隨勢以浮易動心——心動必盲。

●貧因書富，貴必擁書；窮以達變靠智力——不求難得。

○功不自成，名不我歸；權不在握智當有——操之在手。

●陰蓄容忍，戒祛邪念；陽發惻隱仁心顯——潤德於人。

○社會立場，非錢莫言；經濟企業利為先——無信難利。

●人不思源，難辨情義；昧於本末則必憎——重義則情。

○勤儉於實，家風必振；合作和睦易理財——有謀則禍。

●非親重義，人必尊敬；是友假情心莫交——深結易殃。

○治事以才，潤身以德；處人以坦非誠難——悟物以理。

●縱恨釋仇，棄憂解鬱；捐性於真心返童——壽與天爭。

○氣比理壯，人難心服；理較氣揚則眾欽——御理帥氣。

●喜過傷脾，怒逾損肝；憂鬱壞心悲傷肺——驚恐傷腎。

○資質聰慧，猶尚困學；凡夫俗子傲言咸——知困則得。

●洞燭機先，憂勞國是；探研安危福民益——披瀝膽陳。

○勝者全是，敗者全非；因應敵勢以求勝——狗當虎打。

●進不求名，退不避罪；勇猛拼打擊潰滅——主掌戰場。

○將有德才，待賢以信；御才以智佐以禮——徵以謀略。

●智勇知兵，眾服器識；審勢明機具方略——兵法通熟。

○城有不攻，地可不守；擒賊擒王分主從——拘泥必敗。

●嚴於帶兵，勤於練卒；嚴於戰場明術法——默察內外。

○敵有不同，戰有互異；非明長短難用術——法以術變。

●格於形勢，難予明言；雙方諒解得假託——託必以公。

○以事相偪，以人相煎；假言相激迫就範——不可損德。

●相交以正，結之以情；有事相託以誼言——私誼公情。

○不為利結，勿以害授；相處以淡患難扶——扶本於義。

●人生無友，枉活一世；事不求人格自高—當求必求。

○友固通財，勿以財傷；財清情在友誼濃—助人本義。

●人要友助，當諒以情；勿以詐取心昧德—本於以誠。

○事不實踐，徒托空言；謀不先籌臨事忙—預必能立。

●事徵卓見，御人之法；意有相左先尊重—衡斷則明。

○人各有意，納意於一；御具卓裁眾必服—服以明達。

●威逼利誘，軟硬兼施；以強凌弱非人雄—雄本以德。

○臨之以利，見證其廉；委之於危觀膽識—事以才試。

●人生於世，妄逞賢豪；昧於智德豈言業—業非草莽。

○新舊交替，總有風言；政權遞嬗尤更多—雄以才德。

●市場之上，離亂之中；萬頭競動各為生—人貴其命。

○生必欲長，長必欲壯；壯而則老老則衰—衰竭必亡。

●人皆欲子，子又欲子；子子孫孫綿延長——人命不絕。

○勢不騎虎，箭不上絃；進退有據事不危——運用自主。

●謀必以週，慮必以全；乘形握勢順水發——發必以得。

○逆上必勇，相逆必壯；顛倒五行身必強——剋者必敗。

●駕馭文字，隨心所欲；生花妙筆似神授——授必華藻。

○恭維於前，牢騷於後；表裏不一非人德——為德不貳。

●華麗其外，淨潔其內；明亮如一格無隻——修德化人。

○窩囊之事，堆滿心頭；人非曠達難容納——納必丟棄。

●同事相處，全非意合；突然丕變必因有——非已難告。

○禽棲擇木，人適選賢；豪傑創業當識時——孤掌難鳴。

●人際千萬，僅有一己；世如滄海其人微——微不自輕。

○生之於世，當結有伴；如影隨形人不單——不孤易強。

●人之為友，最忌諂笑；友難不解反譏言——當以德疏。

○創業固難，守成不易；知難不難行何難——有為則成。

●常言有謂，相見有情；何事不能當面解——理弱則前。

○人事弄僵，必有其癥；明白其因替人想——不為己先。

●信主拜佛，禱神問道；無非求福心得安——勿罪於靈。

○善泳常溺，善騎易墜；善賭必敗善酒傷——善色絕亡。

●圖逞口快，絕操怨尤；少於批許多了解——解必情通。

○與人相處，必以忠厚；傳家之寶恕為先——先人於己。

●貌美如仙，心若蛇蠍；口吐穢語令人傷——傷其無教。

○人麗於表，豈謂人美；心懷慈悲普度生——生必仁德。

●麗質天生，固稱為美；美不心醜可太麗——麗人必慈。

○故撥絃音，陰醜陽美；昧於揣謀人何智——悟用其音。

●疏於事故，昧於人情；相往處交易失誼——無誼難友。

○滿腔熱血，古道心腸；所得結果水澆頭——德不計失。

●事能做好，勿須厲氣；志堅語輕剛其音——受必心服。

○稱雄於昨，今成階囚；非事有變必遭謀——昧時失勢。

●憎惡其人，拒與衝突；迂迴閃避容顏留——不著痕跡。

○人生遭際，難企於同；羞辱災難時降身——不忍必暴。

●保持顏面，當留餘情；一旦撕破互有傷——傷必痕深。

○熱情溶人，俠義感心；事出有因難溶感——第因利害。

●時代進步，知識爆炸；學人無暇覽群書——書可錄音。

○氣沖牛斗，興師問罪；清紅皂白時難明——禮讓忍解。

●心難叵測，微危於心；機心發難先治意——意變則危。

○大道雖直，易遭危險；山路縱曲行則安——取決於心。

●既交於友，當言以義；人嗜謗人心難正──正駁以德。

○要言不煩，答解精闢；膺任重職名實歸──飽學言發。

●越優自卑，敏感必強；人能平衡心必正──心性差等。

○客觀必明，識高必智；固因知己陳卓見──見必明智。

●人性本俠，心含義膽；御秉俠義易致眾──眾歸於德。

○智本於理，則心易平；交感於情則情真──非真難平。

●人生坐息，當本定時；身心勞逸須平衡──健康必益。

○富貴既得，宜求長壽；節慾莫疲多運動──妄貪則夭。

●同於共事，高敬低和；統御於眾上下信──私結情義。

○輕人則鄙，慢人則驕；異曰青雲難相從──路有絆石。

●人礙於情，放棄己見；事不能辨難咎人──公先於私。

○揣摩參悟，窮究原委；含英咀華融貫通──通必明悟。

●固之以心，守之以志；方寸不亂可理事——成業於穩。
○有形之制，執必以常；無形之控得置間——陰結情通。
●不惑於人，洞察於事；眾情能達主不昧——處之以明。
○命非紅顏，卻遭天忌；身負才華無人賞——賞非氣傲。
●黃蓮固苦，莫若病苦；皮肉雖痛難心痛——痛必體傷。
○人固具心，常隨境移；非有定力心難制——制必以定。
●江山易改，本性難移；伍於書伴質必變——變必氣良。
○江山人才，代有賢出；各領風騷數十年——史以人造。
●江湖道上，龍蛇雜處；豪傑販夫各逞雄——雄於一時。
○人生旅程，路多坎坷；非於莊敬難自強——強於奮發。
●社會如爐，溶於龍蛇；英雄落魄世難存——存於勢利。
○英雄有淚，絕不輕彈；豪傑落難豈傷心——心餒非雄。

●官守官箴，公以立權；廉以生威正立信——人守以德。

○以力服人，服難於久；以心服人服必長——心重於力。

●以德服人，其德必厚；以術服人權宜行——德重於術。

○以人為鑑，可測得失；以古為鏡知興衰——心正以時。

●人非癡愚，裝點傻氣；難得糊塗非當真——涉世箴言。

○先攻所易，始成所難；欲探奧秘啟蒙學——先淺入深。

●縱其所驕，養其至傲；蓄其戾氣強人摧——不毀自暴。

○人如身正，不令而行；其身不正令不從——從於御正。

●有德無位，眾慰以安；有位無德眾以恥——德重於位。

○人患不均，不患於寡；患於不富患不多——多患必愁。

●人言多變，信必難立；令出常改遵無從——眾難於服。

○既任不疑，既疑不任；任而且疑心難從——不從必離。

●疑縱於心，不疑於口；疑若於口人離德——非御之術。

○教子之道，莫生溺愛；做人之要德信立——持身以正。

●世上之事，皆由人為；事謀於人斷由己——非堅難成。

○自任明智，善於處世；合於時宜性圓滑——未必能業。

●善於養身，固能得年；珍惜生命難不死——死不於惡。

○五情好惡，滄桑苦樂；處境安危世變易——人生況味。

●言之所言，但在無言；為其所為在無為——言以有為。

○不和於物，要和於人；人和於物無物傷——和以無剋。

●晝以僕人，夜為人僕；榮之於晝辱於夜——非德則懲。

○權勢於身，資財豐盈；宣以苦樂盛衰因——降榮疏財。

●馬固其馬，鹿非其鹿；指鹿為馬馬當鹿——權非鹿名。

○一人有愚，非族皆愚；一國皆愚非世愚——聖智難愚。

●嗜不敢肆，因要長壽；行不敢為共因名——名發於貪。

○曲意求通，只為位顯；資利惜費為蓄財——人本於得。

●不逆於命，未必求壽；不矜於貴何慕名——名因慕貴。

○無意於權，何慕於位；不貪於富豈慕財——權達於富。

●凡事後於，明哲保身；績得人先易垂青——後人實先。

○制命於人，則畏於人；制命於己人不畏——非逆而得。

●厚於才智，簿於天命；簿於才智厚天命——成非矜愧。

○薄於資財，厚於仁德；厚於資財簿仁德——寧德不資。

●意欲移山，非力所及；潛運毅力子孫繼——有志必功。

○其人能謀，未必能斷；御以能斷非善謀——斷謀必強。

●患難易共，安樂難享；名利當頭孰能讓——讓必人賢。

○人出巧言，以誠待解；人發厲語婉以答——抗非美德。

●人以謔言，默而忍受；人暴於氣莫遷怒——言少則安。

○人過不攻，縱攻以寬；點到為止恩能受——留以餘德。

●教人以善，勿求於高；陳義太深難令從——從必淺明。

○人處得意，莫忘逆境；人處於難勿喜色——做人之情。

●因喜輕諾，易為人乘；酒醉生嗔必失態——易為人鄙。

○乘快多事，易為人忌；因倦無終事難成——成於有恆。

●事明而斷，則為英斷；不明而裁謂武斷——斷必招怨。

○謀事於先，則能無憂；臨事而謀必常患——預事則立。

●樂以人生，苦必無懼；老而固衰但身健——生有意義。

○少不勤讀，老而必悔；長不競進治人難——終被人治。

●學無止境，有生當習；非入於墓則不止——養德必讀。

○行歌於工，習以為趣；洞燭平淡樂人生——遠離名利。

●憂於天崩，寢食難安；死於無時悉苦煩——樂天忘憂。

○文化道統，四維八德；言行規範不枉生——立人標杆。

●老孝仁愛，信仰和平；禮義廉恥四維張——張必國強。

○陰陽之和，凝聚於身；四維八德育於人——人教成材。

●家成於國，國以天下；人治於家國必治——先治於身。

○不責人及，不強人能；不苦人好立人德——德非於過。

●當論千秋，尤爭一時；辨明順逆識成敗——利害於判。

○心廣襟闊，宜工清淡；人我之際當看平——不平難等。

●臨之於事，當替人想；論之於人先想己——勿淪主觀。

○當愛不愛，難謂於仁；應治不治必反智——智妄失常。

●言宣於人，必當兌現；行事於人始可言——如一立信。

○放人一馬，德必尤宏；不寬於己學曰進——厚以待人。

●人不畏死，樂天知命；死於橫暴孰逆料──料得必防。

○言之可言，非常之言；言教於身人之德──德必宏人。

●生而為人，命長且壽；人生之樂樂無天──天必歌頌。

○壽限於人，難盡於一；天笑人禍無名折──折非人幸。

●心懷甘露，洒滿人間；遍插楊柳無秋霜──人必仁德。

○人不奮發，其心必頹；行為不檢言必肆──無以致德。

●天地不息，得之於誠；國能以立眾心集──不誠無物。

○忠而知法，則國必強；勇而知忠國無患──忠國政舉。

●人昧良知，難論格物；不求真知怎致知──勿欺於己。

○白日所為，夜宜反省；惡應當戒善必守──守以致德。

●人無精神，何言於智；處之安靜慮無生──生本於體。

○非處於靜，難能制動；人本心沉則制浮──以緩制急。

●知止則定，明定必靜；能靜當安安必慮——知慮必得。

○其心不細，則慮不週；心浮不定事必怯——善養於心。

●與善人處，心必畏憚；與惡人往心當警——警必言謹。

○曰與惡遊，雖覺和易；久相狎逸未必益——積美則贊。

●人生途程，曲折波瀾；能守其一易成功——不守則曲。

○山山嶺嶺，雲雲霧霧；蒼蒼茫茫萬山叢——叢山境幽。

●人無友誼，猶缺太陽；寡信之友不如敵——友信必義。

○友之刻酸，正之以德；友性簿弱勵以剛——規之得情。

●獨見違眾，難得人心；公議於人易馭眾——統御以德。

○測人之術，隱不在顯；觀人於德晦不明——言以察果。

●魚游江湖，相忘於水；人處世海忘於術——能忘必正。

○剛介寡言，多為德人；善柔易親多佞徒——既善且介。

●將不妄殺，仁將之風；將知於書德將德——益國惠福。

○克敵在兵，知兵在將；生死成敗一頃間——良將勝兵。

●戰陣演變，因時而異；古今兵略各千秋——妙在運心。

○兵以氣勝，無氣則敗；氣強於敵無不摧——雖少亦勝。

●效命疆場，為國宣勞；將繫成敗非輕身——革屍則榮。

○德留名言，後世師法；身禍於國千古罵——存德於世。

●默記兵法，活用原則；熟讀名言潤於心——不變則腐。

○恃敵敗機，敬懼勝機；強示弱勝恃強敗——審敵仰制。

●勝非足武，挫損威德；成驕敗餒非良將——仁義固眾。

○勇耐守法，忠義服從；膽識剛毅智仁備——將必以德。

●馭將之道，貴在推誠；御兵之法得以心——非以權術。

○臨事而懼，好謀而成；戰守機宜不分心——神專必克。

●知人善性，掌握敵情；膽識超人號令明——將貪必怯。

○因敵而械，因糧於敵；因人而用因時制——因敵而戰。

●寧挫以兵，不挫於氣；氣可偶挫志不餒——志餒難起。

○敵少不輕，敵多不恐；弱敵不侮強不懼——懼敵難勝。

●不備而攻，敵難於防；不意而臨敵心驚——以奇致勝。

○兩軍對戰，互謂敵匪；勝以為雄敗必承——承以芳臭。

●將不知兵，以卒資敵；善用於兵少勝眾——以弱擊強。

○兵非弄巧，不挫於敗；軍以著實易奏功——變化在術。

●仙風道骨，雲遊四方；心存出世濟人民——民必感德。

○魔王混世，災黎遭殃；極救人民必英雄——雄心惠人。

●核武競雄，人類浩劫；欲求和平必九九——九天翻覆。

○兵凶戰危，仁師義發；攻心為上情報靈——制敵機先。

●忠義勇毅，智謀權變；決勝運籌將必具——不具則庸。

○將將得心，非以權勢；將兵將心恩威信——信賞必罰。

●兵置死地，奮戰則存；置兵生活無敵亡——有戒無患。

○詭道詐術，陰計陽謀；明策暗算用兵略——致敵於明。

●兵用主客，亦重氣勢；變化莫測敵難捉——立於主動。

○令不宜煩，理不宜深；簡單明瞭不誤解——御必以明。

●兵以正合，術以奇勝；勇耐守令危獨戰——強敵易摧。

○敗兵之將，言勇則恥；常勝之軍驕必敗——知恥則強。

●既明陸戰，當長海爭；制空不權難立體——統合易敵。

○十謀九中，一敗則危；百勝一負無限險——戒慎則得。

●明測氣象，善運人和；熟識地略謀於腦——武戒於悍。

○兵法不熟，空成名將；學理不精豈名儒——將兵以儒。

●帶兵以心，用兵以術；仁不帶兵義不財——兵以義動。

○練兵之道，固心為上；用兵之法活為先——敵慨同仇。

●兵以有制，將不易敗；無制之兵將難勝——將先制兵。

○兵以勢發，勢以形勝；分進合擊圍點打——以強吃弱。

●欲語不言，定有隱衷；私室相晤必吐情——非公必私。

○天賦於人，不言質劣；機會均等憑才能——力爭上游。

●國法之前，人人平等；自由天地任翱翔——犯法難享。

○心懷坦蕩，光明正大；態度磊落處事公——公不情私。

●世界廣闊，種族繁多；風土人情國不同——入境問俗。

○杜絕妄念，打擊狡逞；集中一點粉企圖——鎮懾得安。

●話不中肯，必遭心冷；人不合群難共事——立身宜正。

○實事求是，理事得功；靈妄浮誇必無成——成敗立明。

●人不通情，理難表達；對牛彈琴事難諧——不諧必僵。

○智分高低，識別深淺；昧於對象事必砸——砸必無功。

●戰爭勝負，取決核武；人類災禍先發罪——罪必禍首。

○煙多必害，醉酒傷身；少抽偶飲可提神——假神難久。

●欲活必動，不動必疾；登山嬉水可強身——佐以營養。

○有職必責，無官身輕；退隱林園心安泰——有勇必假。

●炎黃子孫，必愛中華；立國東亞版圖廣——文物燦爛。

○居功不言，自有人鳴；遇若委人無是非——御必明察。

●庭院花香，聚友談心；書開萬卷古人來——酒以助豪。

○煩惱欲除，忘我為先；業本因緣莫妒人——心勞曰拙。

●相助以友，無友則孤；芳鄰守望勝遠親——親遠難濟。

○戀愛結合，尊重自由；能婚於外況同胞——不言貴賤。

●深山窮谷，藏金有鑽；茂林修竹美嬌娘──不動必聖。

○艷福橫禍，喜結連理；乾柴烈火善締緣──有警無殃。

●山藏二虎，猶可相安；夫伴兩女必生波──婦心善忌。

○道長論短，潑婦行徑；不明是非難君子──子明不愚。

●遺愛世人，永列史冊；違害人類臭萬年──害人必賊。

○利人益世，多作則善；害人禍世應少為──為善得安。

●百年大計，育才為先；國富民強必立學──無學難教。

○信使往返，志在拉攏；孤立無援難創局──爭取與援。

●一臉寒霜，滿面笑容；異樣心思兩種情──非真必假。

○世無小人，難尋君子；聖賢群中皆賢聖──不賢必佞。

●性情正直，誠信不欺；見聞廣博多益友──友益不棄。

○吹拍逢迎，虛情假意；花言巧語多損友──損友戒心。

●以嚴律己，常揚人長；喜結賢德多善友——能友必益。
○態度驕縱，遊蕩無節；酒肉徵逐友難交——不交無損。
●血氣方剛，應節色欲；力壯體強戒逞勇——勇不私鬥。
○恭敬於人，人必心喜；厚待於人人難仇——不仇則服。
●窮富顯微，立身知奮；察顏觀色辨人言——能辨必聽。
○熟讀唐詩，朗誦宋詞；不懂作句亦可吟——吟潤於心。
●人處野蠻，以剛克柔；時代進步柔克剛——文明徵服。
○色美悅目，香艷怡神；情鍾可醉難丈夫——誰謂英雄。
●規諫人過，堪為良朋；勸使向善稱諍友——忠言逆耳。
○閨房歡樂，本非邪謠；縱欲不節必生悲——欲壽必節。
●怒潮澎湃，萬馬競鳴；中華健兒為世雄——雄必科技。
○聖哲名言，先賢警語；興華起落當了情——多明必智。

●林幽山巔，溪邊海濱；縱聲狂笑稗人生──吐故納新。

○不能令人，得令於人；首鼠兩端不相容──非智難存。

●人外有人，天外有天；大千世界須放眼──鄙人則敗。

○卸解征衣，息隱林泉；蓄養豪情效當年──心死必哀。

●棄筆從征，立功疆場；炎黃華胄稱世豪──豪必文武。

○華夏男兒，淮右英傑；壯志凌雲四海揚──揚必立業。

●忍氣一時，安命百年；逞氣當前易亡身──智勝於力。

○科技銳競，核武逞鋒；戰爭型態曰不同──難脫傳統。

●內外夾擊，困點吃援；夜奔奇襲敵難防──非明難擊。

○席豐履厚，貪吝奢暴；財因濁富累祖德──因富多善。

●事有隱痛，明不可言；待機發洩先難測──微微知著。

○不念舊惡，怨懟必少；勿言人非無長短──優劣宜別。

●人乏自卑，猶樹無葉；心過優越人必鄙──中庸則強。

○登山腿健，汗出體強；筋骨活絡身心泰──營養休息。

●歐美霸強，愛研科技；中國衰弱多保守──不守必研。

○科技精明，強國張本；儒家倫理做人根──欲強必兼。

●妥協容納，曲意爭取；釋嫌修好求統合──假勢借力。

○強龍難敵，地頭鼠蛇；虎落平陽勢難存──存於衡力。

●市中偶語，怨言頻聞；遣謀佈間風鶴驚──亂中取票。

○人若不爭，誰能與爭；事如不伐熟可伐──有麝自香。

●酒囊飯袋，腦滿腸肥；四肢懶動叢疾生──欲壽必動。

○決心既定，辦法必有；事成於志去猶疑──為必不豫。

●雲淡風清，紅葉白蘆；舞台歸隱靜怡心──滌盡塵俗。

○權傾一時，應知惕勵；鍛羽歸來當思錯──君子明時。

●理直氣平，義正詞婉；語穿心坎難拒聞——以弱克強。

○佳麗纏綿，英雄氣短；枕邊落淚人難行——非剛難剋。

●藉端生非，假勢迫馴；坐視虎鬥中得益——非計必怨。

○聲色貨利，心必克戒；愛嗜人役志必喪——不喪則棄。

●誠不感人，力情未致；義不深結難言交——欲交必濃。

○身無傲骨，滿腦官勢；吹捧拍哈禮義廉——為官當格。

●國本於家，家本於身；身應求知無智難——欲世必學。

○花如無諜，猶山沒泉；石若少苔水之藻——無癖何癡。

●莽莽乾坤，世局滔滔；國際風雲瞬萬變——卓絕睿智。

○倚欄按劍，英雄無淚；遭逢亂世憑智勇——扭轉乾坤。

●國境強固，邊塞則安；四方無患政必明——明必明治。

○局勢演變，起於幾微；撥亂反正在人謀——握機在時。

●智者縱智，愚者固愚；智請於愚必聰明——明判於事。

○愛於生命，必惜時間；寶貴光陰命必豐——豐必命長。

●友交以義，言行信誠；誼結金蘭重千秋——不義難交。

○體貼同情，寬厚容忍；培養靜默聽人言——言先於聽。

●列陣非擊，先間再襲；兵以奇用變莫測——不測則詭。

○助惡為虐，首鼠兩端；桀傲不馴心叵測——患必難存。

●勢以奇正，正以奇變；奇正相因豈可窮——不窮則勝。

○正兵制敵，奇兵襲側；相因於勢以求勝——能因則制。

●正以生奇，奇以轉正；不測變用敵難制——勢險節短。

○兵以詐立，以迂為直；懸權以動奇變玄——因變而發。

●酒肆茶樓，吃喝玩樂；坦坦蕩蕩君子風——計較簿情。

○人雄於資，遨遊酒色；生張熟魏齊雲集——資盡必散。

●酒食爭逐，友多盈庭；袋中金盡陌生人——無義難久。

○名利場中，談義則拙；工商社會利為先——舍利易友。

●消災免禍，財去人安；花錢買愁何苦來——痛悟其愁。

○有利則偏，無利必正；利害關頭一念間——安全為先。

●慎始善終，堅苦卓絕；披荊斬棘不畏難——怕難無成。

○目標正確，信必達成；幻想雖美落空終——空必難成。

●宗旨確定，致力專成；不為猶疑必失機——業成決心。

○長痛短痛，無非一痛；痛於一忍在了解——不解於死。

●友維距離，情誼易長；密交過甚反必仇——絕不言惡。

○建橋鋪路，人必積德；挖路折橋齒不為——德不言損。

●理性良知，夜靜省悟；是非善惡刻於心——不悟難刻。

○形象維護，視同生命；遭受破損難樹立——毀人則鄙。

●主動發氣，無異取辱；人不使怒但心傷——傷心必計。

○君子斷往，不動惡聲；小人絕交氣必發——發必烙痕。

●利害交往，分合無常；行本原則方寸穩——人皆可情。

○道義相交，友誼風範；利害往來貿易經——利別情傷。

●公私場所，不使難堪；能忍暫時留餘地——心傷必恨。

○人為利集，因利必別；掮客場中情難結——棄交純利。

●贈人益言，重似珠玉；傷人惡語甚劍戰——戰傷心痕。

○逢考拔頭，洞房美夜；他鄉遇故聲氣投——人生樂極。

●謊言必醜，弄靈則詐；捏造非實難稱德——不德豈為。

○立場分際，主從客觀；左右前後論形勢——當局宜明。

●大利當前，心必為動；惜未燒香難佛腳——情建平時。

○時地變異，人地生疏；虎難離林心戀鄉——守土重遷。

●幻風幻雨，草木皆驚；疑神疑鬼魂魄落——收神定魄。

○爵高人忌，官大主惡；祿厚眾怨宜施德——志微釋權。

●爭名於朝，求利於市；風雲際會憑才能——高度德智。

○蠶能作繭，蟻可築垤；蜘蛛結網燕營巢——各愛以長。

●乘人困危，非仁君子；落難投石必小人——捐嫌仗憫。

○分合迎拒，取舍任由；立本原則難曲從——從方於圓。

●千里冰封，萬里雪飄；一片酷寒魔窟城——自由溶暖。

○規範逾越，良知譴責；遭人掐辯理必折——不折必正。

●決疑卜筊，愚昧無知；理智主宰賽神明——事判於心。

○人賢敬惡，智敏畏崇；力暴眾的當用德——施仁敦品。

●有理無氣，豈謂常情；以氣犯理難慮事——御理帥氣。

○山攻難死，舌攻易亡；壞事千里人播揚——禍從口出。

●能夫安家，賢婦守宅；雄豪事業賴妻德——德有必興。
○人心險詐，莫過言利；友難近交易遠朋——近利易爭。
●富必行仁，貴當平淡；貧多無才賤乏志——志於人上。
○富貴多金，遐邇群趨；官府有爵獵必勇——人性勢利。
●水擊必蕩，物激則反；事急相援緩必忌——同利相斥。
○飛黃騰達，蹭蹬沒落；窮通榮華緣造化——遭際不同。
●山之與山，永難相碰；人與人間時相逢——情絕則斷。
○入國問禁，臨鄉明俗；隨遇而安人守分——心安則安。
●功若驕悍，敗象立逞；賞如傲滿定歸檔——德厚才發。
○刁鑽頑劣，欲業則難；忠厚誠實事易託——役人則雄。
●人生競勞，莫逾名利；淡置胸前海闊空——能淡必神。
○春撤大地，民主闊芽；雷音驚醒自由花——花滿人間。

●心裏所想，未必如願；縱違心意總須成——不成無得。

○貪之於人，無人能捨；病之成因必有緣——無緣難生。

●空負詩書，半生憂患；磨劍未伸愧對豪——淚非英雄。

○一人心慧，難敵二智；弄間拉撒弱變強——合力必勝。

●華路藍褸，以啟山林；命運建築靠手腦——掌握今朝。

○先勝何驕，連勝不妄；敗不氣餒必屢戰——能戰必勝。

●情種千萬，因栽則發；因緣固多由植得——無由難植。

○孔孟為人，忠恕倫常；老聃處世柔剋剛——無剛難事。

●鬼谷計事，陰陽正反；莊周生活論藝術——美化人生。

○英雄乏錢，醜態不露；豪傑無膽難稱漢——錢可壯膽。

●爹娘錢有，莫若自有；兄弟錢多隔一手——志依人鄙。

○孔孟之道，持身正人；老聃之學論明哲——有守易為。

●鬼谷之術，理事策計；莊子之言說人生──生本藝術。

○煮熟鴨子，令飛無能；縱虎歸山再收難──機失則憾。

●人於群中，非圖難立；事處當前心主宰──無宰必紊。

○坦然中肯，必獲人敬；矯揉故矜難立信──事成人實。

●聰明逾恆，易遭天譴；仁慧憨厚常致福──外實內銳。

○喜過人規，疾不忌醫；幽默於口慧敏心──事緣易得。

●人過方正，易遭眾絕；心守原則行隨緣──不絕必孤。

○牆高百尺，鍊長千丈；難繫青年心一顆──豪情壯志。

●做人重情，處事以理；立世尚義誠接物──無物難成。

○嚴冬陽春，藍天白雲；日光陰影黑必明──否極泰來。

●話藏腹內，慢嚼味濃；銜口投射放難收──思不惹禍。

○顧此失彼，利同害來；魚與熊掌難兼得──禍福無常。

●愛國勇士，血染沙場；戰地英豪蓋世雄——國必稱強。

○做人古今，貴在修身；立於天地德為先——無德難人。

●混世魔王，禍亂人類；拯救災黎英雄出——正邪不併。

○當局則速，圈外必明；權窘事迫勢難破——破睿當斷。

●一句慰語，千種情懷；主動釋嫌恨必解——性頑難解。

○人潮澎湃，洶湧激蕩；世海茫茫何處依——靜心則歸。

●尋覓真理，遠離愚昧；意見相左難求同——溶異必同。

○放量妝支，當用不惜；肆應需要預籌謀——臨渴難井。

●危機重重，睹命鬥智；殫精竭慮同協力——力分必亡。

○人生幻滅，繫於一髮；氣斷魂散陰陽隔——不死於惡。

●欲綿世澤，首當行善；振起家聲唯讀書——書潤於德。

○勝負無常，善敗不亡；氣不為奪必克敵——能堅必勝。

●謀事由己，成事在幹；各具因緣莫羨人——忌難稱德。

○立身行事，當尊孔孟；處世哲學法老聃——不行必謬。

●辨事策謀，應效鬼谷；生活藝術本莊周——能用則功。

○人棄感受，滋味好苦；棄人意味常帶酸——共享必甜。

●紙上談兵，先通理論；戰場變化法無窮——因應敵勢。

○能戰之將，主宰敵勢；用弱選鋒各有時——巧用得逞。

●戰場紀律，勝負嚴守；執法如山無僥倖——功過償罰。

○任重道遠，先穩再達；置身霄閣心放平——不平必傾。

●兵法理論，熟記活用；巧妙策謀在一心——精通術略。

○指南打北，聲東擊西；猛攻窮打個別破——因應敵情。

●敵將德性，慣施戰法；善用謀略得明瞭——不明難戰。

○玩火燒身，飲恨九泉；叛國降敵臭萬年——國人唾棄。

●陽剛霸氣，才華縱橫；鋒芒畢露遭人謀——陰柔制剛。

○明察環境，當知自處；昧於客觀必妄為——掌握主動。

●晝攻夜襲，曰擾暗打；兵集敢擊勝猛追——不受敵誘。

○致勝法訣，穩忍猛狠；立於不敗再選敵——選必以詐。

●呼盧喝雉，仗義行俠；指天誓曰論生死——江湖綠林。

○強列人性，濃郁感情；慈善心腸本仁德——德非殘酷。

●陣外犄角，佈勢計誘；敵集不攻散擊破——各別致勝。

○寬恕固可，遺忘卻難；能宥於人事不忘——忘事難誠。

●食關生死，身負存亡；輸入不慎可致命——安危在保。

○禮重言甘，暗必有謀；色誘厚利志必移——破必不移。

●立於山巔，攀上頂峰；沉於淵底難見天——升降極端。

○尸位素餐，顢頇胡為；不會書藝懂做官——官得儒襯。

●賦性沖和，待人平易；耿介率真本恕仁——仁心必德。

○狂濤怒吼，大海茫茫；浩瀚無垠午夜星——光明燈塔。

●人生競逐，為色跌跤；縱有創傷豈哭泣——無泣必雄。

○享受孤寂，遠勝絢爛；心除繁瑣靜必樂——禪境得福。

●匹夫受辱，奮劍躍起；承羞不怒得尊賢——能賢必勇。

○人處逆境，心本樂觀；事在得意須謹慎——不慎必妄。

●無名為大，靈名無益；沽名釣譽名必累——強名必臭。

○語含憾然，心分愁喜；話不由衷但肺言——意射雙情。

●任運隨化，清靈無為；因方就圓柔剝剛——處人哲學。

○誘敵迂側，出前擊後；先退復反口袋戰——謀敵易逞。

●江山萬里，錦繡前程；美麗遠景在君為——自毀必恨。

○道與藝合，藝與禪結；慈悲謙沖契佛心——能契必禪。

●表面風平，暗潮起伏；鴻門宴客生死關——非警難防。

○領導群倫，御於一二；社會改造賴群智——有為必行。

●勤攻己短，展恃所長；怪僻革去做完人——妄恃難完。

○清明祭掃，國人傳統；慎終追遠子孫守——能守則賢。

●三綱五常，國尊至寶；反道乖行愧人倫——墮綱則賊。

○氣毒狠生，事絕恨發；意態傲凌口延禍——德潤事言。

●與人相交，貴在求好；幸災樂禍難為友——仗義為援。

○名利包袱，負重必險；逆發順危風浪多——惜名淡利。

●形勢險要，兵家必爭；攻守著眼看運用——明暗史略。

○清高自許，迂腐人評；因由不識廬山情——妄尊則鄙。

●生命為先，物皆身外；疆場爭雄魂不滅——英烈千秋。

○富隱深山，槍難退友；窮居鬧市鷹抓親——世事情態。

●兵貴神速，先發制人；出奇制勝攻無備——選弱圍研。

○造破敵勢，策無缺謀；立不敗地操勝權——力結內外。

●山川風物，皆逞畫筆；花鳥蟲魚躍於紙——筆神則躍。

○人生旅途，未必盡坦；崎路坎坷是挑戰——無坎難坦。

●反躬自責，咎非由人；能受批評過當改——良知醒悟。

○勤以補拙，儉以治家；勞以健身節以慾——不節必傷。

●戰場態勢，不利必危；硬拚死打挫敵鋒——氣折易傷。

○善戰之將，虛實瞭然；指揮若定劫隨移——握勢必勝。

●一人工作，兩人易為；三人食量一人難——逾量難負。

○鬼神無靈，虔人則靈；認知不足枉問神——人靈於物。

●靈言妄語，能折人福；神雖無靈本良知——欺世難立。

○法家主張，嚴刑峻典；儒釋抱持慈悲心——心本情理。

●炫耀家世，人子之恥；教以庭榮父當羞——立世靠己。

○懷才不遇，玩世不恭；孤芳自賞文人詬——自鳴則鄙。

●陣勢堅固，氣撼山岳；我不畏戰敵必畏——奪心必勝。

○軍用戰場，貴在一致；隔岸觀火必同盡——合死則生。

●指揮中樞，絕保安全；遭敵劫襲陣必亂——主存則御。

○兵精在練，將勇在魄；勇不知兵必匹夫——智謀配勇。

●將有優劣，勢分強弱；選劣擊弱戰必勝——集中主動。

○自笑平生，英氣凌雲；凜然萬里稱雄豪——妄豪必敗。

●德人相爭，免涉意氣；佞人相求易動戈——事不傷情。

○是非圈裏，遠離為妙；利害場人難久居——惹上必愁。

●白髮幾莖，青春遠離；過河卒子難再回——拚命向前。

○言多招尤，少說為妙；書可潤智應勤讀——仁發潤心。

●神清氣爽，襟懷舒嘯；老覺彌堅身體強——能強必樂。
○潛力有限，過張必亡；奢望求多得反少——量力為事。
●棄絕馬列，國人心願；力行三民主義與——與必自由。
○大陸中共，窮途末路；放眼四方爭千秋——秋陽艷麗。
●智愛於上，智親則善；智憎於上智疏惡——惡語潤美。
○困於財貨，勞於油鹽；迷於情慾苦恩怨——怨以恕淨。
●山野清泉，淨去污塵；林園幽谷收凡心——心靜必明。
○亂世用才，治世論德；德才兼具人必傑——傑必智勇。
●紅塵萬丈，爭名逐利；林泉峰頂看白雲——雲山滌心。
○黃山風景，郁郁蒽蒽；芳草艷麗人嚮往——往必心悅。
●虎死無威，惡名仍彰；鷹不抓鴨無人信——形以像留。
○英雄丈夫，志在四方；家家明月處處明——明必創業。

●以人御人，統御之訣；以術御人先本誠——不誠難服。

○是非分明，公私劃限；處世之則人必守——守以圓通。

●能征慣戰，開疆拓土；一代英豪世萬崇——功立當代。

○著書立說，獻身教學；諄諄善誘不計名——立言於世。

●人非狂妄，皆可望成；自卑於心難有功——功得勇毅。

○希望於人，可化痛苦；簿藝隨身勝帶錢——無業可恥。

●爭名於朝，求利於市；競業於事不逐無——有爭必德。

○有事不解，必苦於心；事以法除心無鬱——不縈於懷。

●德必固窮，佞多難守；能守人敬樂與處——不守人濫。

○疾風雨雷，禍人毀地；亂寇不除殃於民——遠離險處。

●閱歷於久，機心易生；非本於善易失德——毀人自毀。

○事能於功，以速為貴；智能決事以密成——出奇制勝。

●非本正理，心難誠實；人務於利當以德——不德難事。

○不苦心志，難勞筋骨；非強於體難致業——忍性以為。

●將相無種，豪傑何有；志不於立怎能為——志不貴才。

○才得於業，智交於言；事操於人識本悟——有為易成。

●貧於無才，則為真貧；賤於無志則實賤——人貴於志。

○人動以氣，忍之於時；雖怨於心久宜忘——恕忘則德。

●貿易於人，損益當計；交不言義利潤先——國人重義。

○權之大小，非關名望；事業功成照汗青——德立於民。

●以躁付重，則必僨事；以樸為拙必失人——鍊達必才。

○人用於長，宜舍微瑕；奇磽苛求易棄賢——庸碌反倖。

●祿餌釣材，難啖豪傑；名航載才難沈雄——致賢以德。

○寧捐於卒，損將則非；萬軍易得一將難——將為國寶。

●人先得心，始可託重；才以我用則心付——託必以國。

○待人以激，必得於烈；處事以德則獲心——氣滿則爆。

●駑蹇之馬，難騁千里；桼梲之材難荷樑——不勝必苦。

○自疑不信，不疑必信；疑人莫用用莫疑——既用亦疑。

●立事擇人，慎慮始終；疑不遴用任不疑——責成以果。

○馬不善養，難馳疆場；人不蓄材難濟用——庸碌誤事。

●高山之陰，則有深谷；河川之陽必有灘——性分善惡。

○遇事棘乎，忍以煩耐；焦灼心躁只有損——靜心以處。

●順以受害，則害易福；逆以求利易轉害——得之以常。

○不知之事，智必存疑；實之以眼莫憑耳——有疑當求。

●謀多決少，失之於時；策之即行變無窮——因勢以應。

○善用倔強，損棄忿激；強以氣舉濟以剛——認明於理。

●既容且思，涵養則功；遇激則怒豈言修——欲業必涵。

○事功先得，最怕模稜；成敗關己毀譽人——權衡義理。

●瓶水結冰，測世外寒；嚐湯一杓知餘味——譽一反三。

○貪之於遠，則必遺近；沉溺於利則傷名——非溺於損。

●小人得志，行必張狂；君子逞勢性必謙——謙必業宏。

○麻雀翱翔，絕難高飛；大鵬展翅天地低——不低必高。

●佞人逞志，路必不寬；德人為業道不窄——道廣業展。

○晦以觀明，靜以觀動；萬物之情畢陳前——能察易斷。

●人獸初生，形醜無比；事物草創怎全美——漸成必壯。

○人之大病，性多躁急；言暴於氣事難理——溫和易事。

●精氣盛衰，攸關事業；智愚於人決成敗——輔之以德。

○事非誠動，無以感人；治不以才難於廣——誠以才功。

●智之於慮，禍福之門；動之於靜利害機——非精難明。

○禍福同源，利害共倚；福之所伏反為禍——利伏反害。

●不戰則靜，動如風發；不攻則守攻如電——勢形決堤。

○名將易禍，常遭敵忌；身臨危地當護身——隱顯宜密。

●國之大事，莫不備兵；兵之未戰精以先——將率求勝。

○兵無器械，難言於戰；軍無糧草難戰久——養在一用。

●士有死心，將無生還；為國效命同協力——戰無不勝。

○思想信仰，主義力量；領袖國家榮譽生——鋼鐵成軍。

●英明之主，將不言貳；昏瞶之君將離德——當以國重。

○禍國殃民，將之罪深；福國利民將之德——將守以仁。

●將不以勇，難言於戰；將不以仁則性殘——害民則孽。

○將不以智，難取於勝；將不以信難率卒——嚴以律軍。

●不審地勢，不察敵情；昧知彼此難用兵——明暗以奇。

○戰勝不驕，戰敗不餒；將以治心兵以氣——無氣難戰。

●明斷深謀，制勝以機；兵以計算勝無算——不算難勝。

○猶豫狐疑，用兵大忌；果斷立決必常勝——將勵心志。

●貴於兵精，不尚於多；兵貴強心且強力——固心易戰。

○將以兵子，兵以將友；手足之誼兄弟情——威令如山。

●兵雖不仁，無仁不發；將雖不慈以慈行——同心則敵。

○軍以佐政，政以佐軍；和以治國睦於鄰——同德必強。

●和以止戰，戰以止和；能戰易和求和難——無力難和。

○兵無械糧，無言於戰；士無斗志難取勝——能戰在將。

●處人不忤，病在無立；持身不撓厲多過——俗雅以和。

○處世不難，難在小人；理事非易看才能——能分巧拙。

●道載於天，天地至大；大必是人人明道──道通地天。

○駝知於風，馬識於途；國有大老舊章備──制無求野。

●一人得道，雞犬升天；人顯於位親宜斂──不斂易孽。

○信賴尊重，平等獨立；爭取與交互有益──格不可失。

●兵以利民，民以協軍；以制為兵民樂從──民安兵強。

○悍鷙之氣，兵不可無；安祥之慨御宜蓄──動靜則當。

●兵無多寡，能令則勝；驕兵悍將多亦敗──節制克敵。

○兵畏於將，則戰必勝；軍畏於法必克敵──將弱難戰。

●善人靈輕，故浮於天；惡人濁氣致沉地──靈分潔污。

○力財勝人，不凶必亡；以德勝人心悅服──服必人德。

●蓬生麻中，不扶自直；白沙在泥和俱灰──從善則善。

○僕於國事，其民則服；僕於職權人必敬──不僕則僚。

●空言極民，無補實益；誠心濟民人得惠——有惠則感。

○無名而食，何異雀鼠；肆害而食則虎狼——食得其正。

●吏無尊顯，不負所職；惠不偏施裨民物——宜求廣惠。

○親友當誼，明於賢肖；貨利應得該辨非——會計宜清。

●善治於水，先使水平；善化於人務使靜——靜不犯規。

○吏好於民，則民必善；治先於吏後於民——無民不遵。

●濟眾利人，易於成功；營私圖己多失敗——權行以公。

○交必以義，義非害人；以義害人難言人——人濟於義。

●結夥成幫，首倡以義；製造恩怨以仇報——污義莫甚。

○義不事敵，其義則伸；義發益人則義張——以仁濟義。

●行義於私，其義害己；義行於公則義興——民族大義。

○為利尋仇，豈言於義；與人結怨以義解——化仇為義。

●有方不傳，其人則鄙；藏訣不宣必失意—發揚光大。

○吝贈於金，傳人一藝；剴賜一言益一生—生必感德。

●自己不懂，莫言怪誕；非精於研別斷語—身涉則評。

○為人報私，行義必卑；同幫排異非殉義—以義化同。

●久安民佚，教之以敵；長患民苦濟以業—政補時弊。

○廉潔持身，止言微善；貪污有痕難洗惡—當惜令名。

●直犯於禍，為人不智；利害於義難言人—義行於宜。

○為上多言，必非智賢；行事多言必反覆—言發必貫。

●人諫於言，坦心易為；聽諫於言靈心難—諫必益德。

○勤訪召詢，廣識目聰；明於納言辯正佞—集思廣益。

●文不愛錢，則民無怨；武不惜死國必安—民必報國。

○事皆人悅，世未能得；喜多恨少則稱善—利眾則舉。

●無功則賞，賢豪則鳴；有罪不罰無英雄——不明難御。

○權高位重，人難指謬；惟守天理於寸心——敬畏於刑。

●貌貴於誠，心貴於謙；禮貴於敬言貴肯——靈貴無垢。

○事不時檢，無以知進；人不靈心難言益——貴在以行。

●藥性不毒，難益於疾；言詞不肯難戒過——發必以真。

○運籌帷幄，廣策於略；決勝千里人行謀——握機於聰。

●德御以化，任御而為；化從以德猶鎔金——欲圖非方。

○無識為惡，無可厚非；有識為惡難諒人——幾惡皆劣。

●民犯於法，多由未明；吏犯於法難治人——吏必潔身。

○煙樹雲海，幽隱山叢；落日餘暉映晚霞——愛惜歲月。

●開誠布公，治人之則；綱舉目張理事方——不昧前題。

○剛必易折，柔必易廢；威行以息始於濟——不濟難仁。

●政以民貴，其權必仁；以民為舟可載國——覆舟必民。

○為吏以法，不行於智；奉之於公不以私——任私枉法。

●我不犯人，做人之德；人犯於我當以忍——不忍難德。

○行得民心，其政必仁；吏不循私則官清——官為民僕。

●自責於己，不妨於多；言以責人宜盡少——遠怨止謗。

○歷於煩難，增益識力；忍於堅苦勞績生——於德日進。

●非於識廣，難以認人；人不見多難知言——明人善用。

○人不傲狠，難於妄為；心無貪鄙何忌敗——成於謙廉。

●廣識慎選，人用其才；勤教嚴繩增其智——事以得人。

○經分綸合，慎明端倪；詳審約守督於行——責事以果。

●國無邊防，其國必禍；人無心防則人危——有防則安。

○形單力弱，群策難摧；同德無貳國可固——能固則強。

●舟載於民，民立於國；國遇於難民同德——不同則覆。

○王道立國，四鄰敬服；霸道稱雄則人懼——虛附實遠。

●民財保護，賴於政府；防止強梁掠弱產——民安國強。

○國必有歌，歌由人唱；民擁土地五權保——能主必強。

●國無武備，難言於政；政發於權賴以能——立於強權。

○內政外交，立國之柄；不淨於內易外侮——以力為盾。

●國以力存，政無德亡；民以食立無食亂——亂必覆國。

○義不以理，其行難義；理以舟載義通航——義行以理。

●災變邪教，鄉讜人師；惟以人師危社稷——師正國興。

○不除內奸，外患必至；奸通於敵內外合——不肅必傾。

●國以才治，其國必強；事以人理則事興——選人以德。

○安危以理，不在強弱；成敗以德豈眾寡——論勢客觀。

●安若忘危，其亡則近；治如忘亂必亂速——預籌於策。

○治理其國，必展實業；民無所食國必亂——民富國強。

●取人之道，先固於內；圖人之本先自強——不強則難。

○國之英烈，崇祭於祠；治亂興革聚賢豪——利國必雄。

●政之所與，順應民需；政之當除民心惡——便民理國。

○人握於權，敵遠易察；偵佞則難因近身——佞甚於敵。

●養虎以肉，不肉食人；飼鷹以飢飽飈跑——知性無傷。

○善養能人，先必自為；善能治人必自治——先治則人。

●言中有理，眾心則服；承擔於責易御人——人服其德。

○信立於民，則得民心；誠立於人則人服——為正無私。

●國有國法，人有人倫；清濁不分混必亂——人遵必治。

○事之將興，則因決人；國之將亡聽妖言——變革在人。

●為官不德，與虎何異；為吏不仁絕樹怨——怨多民變。

○國無自由，則難獨立；人無自由難生存——縱生猶死。

●人之與國，國之與民；通關於體共和主——權治其事。

○西落斜月，東露曙光；一日奮戰看今朝——朝向人生。

●萬馬無聲，秋月寒霜；一燈有味書展讀——讀必心靜。

○美人顏色，秀髮千絲；大將功名馬蹄忙——忙因謀戰。

●人不謀遠，則必失近；事無近程何論遠——跳越易跌。

○以石擊水，必起漣漪；以拳襲人心身動——不動心僵。

●人消於群，眾評好壞；水逝有聲起浪痕——德留人間。

○成業之門，固本德才；用人之術使人感——能感則力。

●蘊藉之士，其性沉深；負荷之人必宏重——能重可託。

○斡旋之士，性必圓通；康濟之人必精敏——能敏易達。

●貓置魚前，必動聞腥；美臨於室易起心——不起則聖。

○待人之德，固當以誠；用人之道本心術——不術難發。

●既責且罰，慰勵心餒；吝於其言則必躁——危人害事。

○用材器使，展其所長；人具血性則必剛——用於廉明。

●貌有美醜，品具高低；才具以專舍其拙——世無棄土。

○天雖至高，藉輝日月；地因至靈化山川——雄假於賢。

●人非忠貞，難用於國；信仰不堅難託重——義必志主。

○人乏忠信，則無所本；專取以才易為惑——才以德發。

●良馬一鞭，勝駑千策；智者之愚勝愚智——幾愚必昧。

○以言取人，人必飾言；以行取人盡竭行——行以察言。

●明於兼聽，不為佞蔽；左右四方則情達——不達必偏。

○水剋於火，火亦剋水；善用其性必得益——益在人用。

●忠厚持守，業必興隆；狡詐為事巧一時——能守必長。

○猴巧攀樹，水不若鱉；馬性機驚難如狐——物具特長。

●非以權謀，事難成功；因勢利導易勝算——算非空想。

○美酒千杯，醉伴梅花；寒霜豪放歌中華——大漢雄風。

●體如機器，不用則銹；欲求身強必運動——枉談無助。

○宣赫一時，固為人上；雲勝起落須看半——不淡難平。

●困厄一時，莫怨尤人；愓勵奮發乘雲起——能起不驕。

○國倚棟樑，家賴主幹；棟樑不堅國必危——主折家傾。

●水生無波，因風則浪；人本無慾利名移——物惑蝕心。

○沈靜簡默，用重可託；浮躁輕簿難致事——衡量於度。

●菩薩心腸，入地拯救；聖家胸中施恕情——情撤無怨。

○抱首安貧，達人知命；老當益壯度餘年——年年快樂。

●人貧貪福，福豈能至；身窮勤勉福自來——來必勞得。

○巧辯善辯，能辯敢辯；辯才無礙是雄才——才通中外。

●敵對雙方，問題癥結；置於仲介互調融——融於言歡。

○事過便了，惹愁反思；人能放寬必得樂——樂心命長。

●長江後浪，衝擊前浪；世上新人替舊人——人輪流轉。

○大江東去，浪花淘盡；千古英雄今安在——在必現實。

●事不執著，易失我相；佛法無法可得法——法去佛來。

○人若心淨，佛土自淨；靈山淨土離不遠——遠非心淨。

●人無我相，佛慧始開；喜愁是誰皆非我——我有難悟。

○山河大地，皆屬微塵；血肉軀殼終泡影——影況外影。

●人非上智，無以了心；身處塵寰得容物——物皆非實。

○以淡交友，以聾止謗；以刻責己弱禦侮——侮種強因。

●持身皎潔，垢不茹納；處世分明難包容——容物涵養。

○群居閉口，獨坐防心；居安思危治思亂——亂由治起。

●識多少慮，賞明無怨；信足難言威夠服——服其以德。

○修德律己，宜含和氣；立身處世帶春風——風度人讚。

●事在盛喜，勿許人物；人當震怒不答書——書中有錯。

○歲暮天寒，心繫故人；遠道音書寄嶺雲——雲蕩情誼。

●虔誠祈禱，必有所觀；大士現身梵音洞——洞在普陀。

○白蓮臺上，阿彌陀佛；紫竹林中觀世音——音通人天。

●無情有知，草木微兆；佛自潛輝耀詭異——異逞亂世。

○心不離佛，佛不離心；身心如佛心佛一——一心合佛。

●阿彌陀佛，一聲聖號；地獄蓮華易反掌——掌握先機。

○萬劫生死，人業重罪；一句佛號皆消除——除淨不污。

●阿彌陀佛，禮念一聲；勝得世界無量寶——寶不可失。

○蜀西峨嵋，晉北天台；浙東普陀皖九華——華南聖地。

●白雲紅葉，明月清風；結廬溪邊念佛名——名得心淨。

○是非遠離，夢裡無驚；靜中見性心寂然——然必見佛。

●是無量光，乃無量壽；阿彌陀佛自性佛——佛法光明。

○法性無終，永恆長在；無量光壽唸佛號——號鳴佛應。

●一炷心香，透達天庭；素果參供佛納悅——悅得心虔。

○人天路上，生死海中；修福念佛及時為——為遲必悔。

●人天路上，修得享福；生死海中唸想佛——佛心合一。

○人要學佛，先想做人；身得富裕思利他——他同心感。

●萬古長空，一朝風月；千年流光剎那時——時光荏苒。

○一念慈悲，眾生皆佛；心懷瞋怒萬物惡——惡生魔隨。

●人有誠心，佛有感應；身手工作心口佛——佛化眾生。

○靈巖怪石，疏林平沙；憑高放覽宇宙闊——闊胸容物。

●空碧濤白，煙螺數點；身境澄然形意消——消氣心寂。

○人處得失，心本平常；身臨危難須鎮靜——靜得性養。

●林靜鳥語，花艷蝶集；水清魚歡喜誦月——月下悟禪。

○身心兩忘，悠然解脫；人法雙遣入菩提——提昇證果。

●世挫情損，沮喪創傷；灰心憤恨皆無益——益消重振。

○虎遁山林，龍游大海；鵬飛上天皆難捕——捕縱由人。

●世俗功利，七情六欲；愛情婚姻應看明——明易擺脫。

○悲歡離合，常情無常；天道不息有生死——死生循環。

●春夏秋冬，四季變易；生老病死本無常——常應學佛。

○喜極傷心，怒則傷肝；憂悲傷肺思傷脾——胃驚傷腎。

●控制情緒，征服瑕疵；發揮潛能在自己——己得一切。

○以信願行，一心不亂；十念功成定往生——生得淨禪。

●竹影掃階，塵埃不動；月輪穿沼水無痕——痕生風起。

○廣廈連雲，無緣置身；美味萬種不及腹——腹裏乾坤。

●揖客難為，仲介匪易；酸辣苦甜經紀人——人分高低。

○海為龍游，天由鶴翔；大鵬展翅蕩虛空——空中翻騰。

●坐禪培靈，靈性光明；修命輔性立善德——德多超生。

○靈性不滅，永恆超生；脫出輪迴遠了死——死而不死。

●錦不炫耀，榮華鄉里；發以仁德養祥和——和能潤心。

○落敗羞怒，當思反省；怨天尤人難致德——德以致眾。

●忠恕涵容，義德仁情；諒尊敬助共存榮——榮人發己。

○唸佛入定，溶於參禪；有禪無淨十九錯——錯徑易魔。

●心有貪境，情存愛罣；臨終意現隨輪迴——迴難得佛。
○心淨念佛，終見蓮華；佛現光明菩薩引——引上西天。
●阿彌陀佛，佛在西天；心不誠念祂不來——來必接引。
○禪唯自力，淨兼佛協；禪淨孰優淨得機——機不可失。
●做人任性，難明世情；處事專斷豈通理——理情穿心。
○人皆可化，恐誠未至；事均能為志須堅——堅強毅力。
●佛自心作，教由魔主；并排橫豎參差讀——讀句不同。
○因為本性，被業妄蔽；持咒性清見原境——境界非凡。
●禪淨雙修，悲智雙運；念佛參禪淨禪得——得超三界。
○山藥催乳，研末服用；麥芽消奶當茶飲——飲必去腫。
●蒼朮祛邪，煮當茶飲；貫眾強肝解毒功——功除感冒。
○人像繁星，隱現於世；形猶浮萍飄不定——定得佛禪。

●返觀本性，莫若參禪；消歸清淨勤讀經——經禪皆益。
○神造萬物，爰於耶教；萬物人造可成佛——佛神人修。
●江山萬里，日食三餐；大廈萬間眠一床——床異殊一。
○泉難化酒，花不常開；樹豈生錢月缺圓——圓非無常。
●行起解絕，至誠一心；阿彌陀佛唸開始——始終不停。
○慧智學問，無關禮佛；拜佛唸佛心想佛——佛果定得。
●娑婆世界，有生有滅；西方淨土無輪迴——死無得佛。
○人身難得，中土難生；佛法難聞師難逢——逢申收圓。
●三教一理，理通天心；五教團圓歸於一——一心歸圓。
○蓮花佛國，大同世界；人人安樂無煩惱——惱非佛境。
●昊天大地，萬物逆旅；宇宙時空人過客——客居無常。
○蔣公中正，仁德真君；無極理天文判官——官奉中娘。

●了卻俗務，自斷凡塵；隱居潛修性命全──全淨無污。
○物射異光，災殃不遠；妖魔呈現朝代換──換主制變。
●分久必合，合久必分；世上人事率皆然──然看緣結。
○舞台落幕，觀眾必散；酒店關門客就走──走出世間。
●酒店打烊，飲客必去；山門無鎖僧倦歸──歸問自然。
○宇宙萬物，成住壞空；帝王將相似雲煙──煙經風逸。
●山猶崑崙，高插雲天；涯無邊際太虛空──空中樓閣。
○心色萬法，萬法唯心；花草蟲蟻息相連──連心相印。
●想老不老，人老則老；老當益壯何老老──老不賣老。
○懷著夢想，怎慮髮霜；心猶嬰兒老何來──來當心愉。

無學問　有誠本愛
人類之善

有學問　無正行邪
人類之惡

國家圖書館出版品預行編目

塵海微語 / 韓振方著. -- 一版.
臺北市 :秀威資訊科技, 2005[民 94]
面 ; 公分. -- 第 1,2 冊合訂本
ISBN 978-986-7263-43-8（平裝）
1. 修身

192.1 94010723

哲學宗教類 PA0007

人生智庫塵海微語第一二冊合訂本

作　　者 / 韓振方
發 行 人 / 宋政坤
執行編輯 / 李坤城
圖文排版 / 莊芯媚
封面設計 / 莊芯媚
數位轉譯 / 徐真玉　沈裕閔
圖書銷售 / 林怡君
網路服務 / 徐國晉
出版印製 / 秀威資訊科技股份有限公司
台北市內湖區瑞光路 583 巷 25 號 1 樓
電話：02-2657-9211　　傳真：02-2657-9106
E-mail：service@showwe.com.tw
經 銷 商 / 紅螞蟻圖書有限公司
台北市內湖區舊宗路二段 121 巷 28、32 號 4 樓
電話：02-2795-3656　　傳真：02-2795-4100
http://www.e-redant.com

2006 年 7 月 BOD 再刷
定價：500 元

讀　者　回　函　卡

感謝您購買本書，為提升服務品質，煩請填寫以下問卷，收到您的寶貴意見後，我們會仔細收藏記錄並回贈紀念品，謝謝！

1.您購買的書名：________________________

2.您從何得知本書的消息？

□網路書店　□部落格　□資料庫搜尋　□書訊　□電子報　□書店

□平面媒體　□ 朋友推薦　□網站推薦　□其他__________

3.您對本書的評價：(請填代號　1.非常滿意 2.滿意 3.尚可 4.再改進)

封面設計____　版面編排____　內容____　文/譯筆____　價格____

4.讀完書後您覺得：

□很有收獲　□有收獲　□收獲不多　□沒收獲

5.您會推薦本書給朋友嗎？

□會　□不會，為什麼？______________________________

6.其他寶貴的意見：______________________________

____

____

____

讀者基本資料

姓名：____________________　年齡：______　性別：□女 □男

聯絡電話：________________　E-mail：____________________

地址：____

學歷：□高中(含)以下　□高中　□專科學校　□大學

□研究所(含)以上　□其他______________

職業：□製造業 □金融業 □資訊業 □軍警 □傳播業 □自由業

□服務業 □公務員 □教職　□學生 □其他__________

請貼
郵票

To：114

台北市內湖區瑞光路 583 巷 25 號 1 樓

秀威資訊科技股份有限公司　　收

寄件人姓名：

寄件人地址：□□□

(請沿線對摺寄回,謝謝!)

秀威與 BOD

BOD（Books On Demand）是數位出版的大趨勢，秀威資訊率先運用 POD 數位印刷設備來生產書籍，並提供作者全程數位出版服務，致使書籍產銷零庫存，知識傳承不絕版，目前已開闢以下書系：

一、BOD 學術著作—專業論述的閱讀延伸
二、BOD 個人著作—分享生命的心路歷程
三、BOD 旅遊著作—個人深度旅遊文學創作
四、BOD 大陸學者—大陸專業學者學術出版
五、POD 獨家經銷—數位產製的代發行書籍

BOD 秀威網路書店：www.showwe.com.tw
政府出版品網路書店：www.*gov*books.com.tw

永不絕版的故事・自己寫・永不休止的音符・自己唱